W0308120

CLV

Meiner Schwester Hazel
gewidmet,
die einen Volkswagen
und ein Zelt herbeigeschafft
und mich auf den
Spuren des Apostels Paulus begleitet hat

PATRICIA ST. JOHN

FLUCHT IN DIE FREIHEIT

Christliche
Literatur-Verbreitung e.V.
Postfach 110135 · 4800 Bielefeld 11

Originaltitel: Twice Freed
© der englischen Ausgabe 1970 by Patricia St. John
© der deutschen Ausgabe 1991 by
CLV • Christliche Literatur-Verbreitung
Postfach 11 01 35 • 4800 Bielefeld 11
Übersetzung: Hildegard Krug
Umschlag: D. Otten, Bergneustadt
Druck und Bindung: Druckhaus Gummersbach

ISBN 3-89397-160-2

1

Es war mitten am Nachmittag eines heißen Julitages. Beinahe alles Leben in der ausgedörrten Landschaft war in Schlaf gesunken.

Die schwarzen Schafe, für die das Tal berühmt war, drängten sich unter den Pappeln, und die Erntehelfer schlummerten im Schatten von Getreidegarben oder unter ihren hölzernen Karren.

In den stattlichen Landhäusern, die hoch über dem Weideland lagen, schliefen die wohlhabenden Grundbesitzer, Bauern und Wollhändler tief und fest auf ihren bequemen Lagern, während ihre Sklaven im Hof mit schlechten Gewissen dahindösten.

Nur oben in der Bergschlucht, dort, wo die Luft über den glühenden Felsen flimmerte, bewegte sich etwas. Ein braungebrannter zwölfjähriger Junge, nur mit einem Lendentuch und Sandalen bekleidet, kletterte mit der Anmut und Behendigkeit einer jungen Wildkatze einen steilen Hang der Felsschlucht hinauf. Es kümmerte ihn nicht, daß ihm der Schweiß übers Gesicht strömte oder daß die Felsen seine Hände wundscheuerten, denn dies war die Stunde, in der er frei war.

Vom frühen Morgen bis zum späten Abend gehörte er seinem Herrn und war ihm nach außen hin untertan. Doch in dieser Stunde gehörte er sich selbst! Da atmete er auf! Da lebte er erst wirklich und eroberte sich die Welt.

Hier, in den felsigen Schluchten, konnte ihn nichts aufhalten. Im Winter bahnte er sich Wege durch die Schneewehen, und im Frühling trotzte er den tosenden Wasserfällen. Im Sommer ließ er sich nicht von der sengenden Nachmittagsglut entmutigen, sondern kletterte unbeirrt weiter. Er warf dabei immer wieder einen Blick auf die Sonne, die jetzt westlich von ihm stand. Er wußte, daß er heimkehren mußte, sobald der Schatten des riesigen Felsens über ihm den Rand des Olivenhains unten im Tal erreichte. Aber er hatte immer noch Zeit genug, um bis zu der alten, umgestürzten Kiefer zu klettern, die den Hohlweg versperrte, und um in das klare Gewässer zu tauchen, das dahinter lag.

Die Bergschlucht verengte sich jetzt, und die Kiefern, verkümmerten Eichen und Wacholdersträucher warfen ihre Schatten über den Hohlweg. Der Fluß hier oben war nur ein schmaler Bach, aber er war kühl und erfrischend. Der Junge spritzte sich das Wasser übers Gesicht und über den Körper und fühlte, daß er noch den ganzen Tag so weiterklettern könnte. Er sehnte sich immer danach, noch weiter hinaufzusteigen – bis hin zum Bittersalzsee, wo die Wermut-Blumen wuchsen und wo der Fluß Lycus entsprang, ja, bis hinauf zu den Schneefeldern des Berges Cadmus – aber ach, der Schatten kroch schon auf den Olivenhain zu, und sein Herr würde bald anfangen, sich in seinem Nachmittagsschlaf zu regen. Er murmelte einen Fluch und spuckte wütend aus.

Nun, die Zeit reichte immerhin noch, um kurz etwas in dem grünschimmernden Teich zu schwimmen, der so tief war, daß er niemals austrocknete. Er kletterte auf die umgestürzte Kiefer und hielt plötzlich erschrocken inne. Der Mund blieb ihm offenstehen, und seine Augen weiteten sich vor Furcht. Denn dort auf dem Baumstamm saß ein kleines Mädchen, ließ ihre Beine ins Wasser hängen und sang leise vor sich hin.

Sie mochte neun oder zehn Jahre alt sein, war klein und schmal und hatte dunkles Haar, das ihr bis zur Hüfte herabhing. Ihre Wangen waren von der Hitze gerötet, und sie hatte den Schoß voller Blumen, die sie am Flußufer gepflückt hatte: welkende Witwenblumen, Löwenzahn und Vergißmeinnicht. Sie war so in Gedanken versunken, daß sie den Jungen gar nicht bemerkte, der sich ihr vorsichtig näherte.

Wer mochte sie nur sein? Ihre Tunika war von kostbarem Stoff. Sie trug wunderschöne, geflochtene Sandalen und benahm sich wie eine kleine Königin. Er beobachtete sie aufmerksam, kroch weiter auf dem Baumstamm voran und überlegte, wer sie wohl sein mochte. War sie vielleicht eine Tochter der Göttin Kybele, der großen Mutter der Natur, in deren Arme die Toten zurückkehren, wie Kinder, die nach Hause eilen? – Nun, wenn sie das war, dann hatte er auf jeden Fall nichts zu befürchten. Ein böser Geist war sie bestimmt nicht! Er schob sich noch ein wenig näher heran. Da knackte ein trockener Zweig unter seinem Fuß.

Sie fuhr zusammen und blickte auf, verriet jedoch weder Überraschung noch Furcht. Sie war ein vernünftiges Kind, und ein Junge war für sie eben bloß ein Junge. Und dies hier war sogar ein hübscher Junge! Dennoch wurde es ihr jetzt ein wenig bang zumute, wenn sie an das dachte, was sie getan hatte.

„Was machst du denn hier oben?" fragte sie den Jungen in perfektem Griechisch. „Ich dachte, alle Leute würden schlafen."

„Und was tust du hier?" entgegnete er in ziemlich barschem Ton, denn er war nun überzeugt, daß sie nur ein irdisches kleines Mädchen war. „Es ist ein weiter

Weg bis hier herauf in die Felsschlucht für solch ein kleines Ding wie du. Wer bist du eigentlich?"

„Ich bin Eirene", erwiderte das Kind. Sie sprach bedachtsam und beobachtete ihn ernst, als denke sie darüber nach, wieviel sie ihm wohl anvertrauen dürfe. Auch er starrte sie an, wie sie da so allein und schutzlos zwischen den Felszacken der Bergschlucht stand, in flimmerndem Sonnenlicht, das durch die Kiefernzweige auf sie niederfiel; und er sehnte sich danach, alles über sie zu erfahren, ihr Vertrauen zu gewinnen und sie zu beschützen, wenn es nötig sein sollte.

„Wo wohnst du denn, Eirene? Ich habe dich noch nie mit den kleinen Mädchen von Kolossä spielen sehen."

„Ich wohne in Laodizea", antwortete sie, noch immer zurückhaltend und mißtrauisch.

„Laodizea!" wiederholte er erstaunt, denn Laodizea lag 15 Kilometer entfernt jenseits des Tales. „Du bist doch sicher nicht allein hierher gekommen? Wird man dich nicht suchen?"

„O ja, das wird man!" – Ihre Augen funkelten plötzlich vor Vergnügen, und dann sprudelte es aus ihr heraus: „Sie werden außer sich geraten meinetwegen. Heute morgen bin ich mit meinem Vater hier herüber gekommen. Er fertigt Mäntel an, weißt du, und er wollte mit Herrn Philemon über Wollgeschäfte reden. Sie gingen ins Haus, um zusammen zu speisen, und ich blieb bei meiner Kinderfrau und den Sklaven. Meine Kinderfrau wollte mit Philemons Sklaven plaudern, und ich sollte nicht zuhören. Sie gab mir etwas zu essen und schickte mich in den Weingarten. Aber was sollte ich in diesem langweiligen Weingarten? Ich wollte viel lieber in den Felsschluchten klettern, am liebsten bis zum Gipfel hinauf – darum lief ich einfach weg. Bis hierher bin ich gelangt, und ich wäre noch weiter vorgedrungen, aber der Teich da hat mich aufgehalten."

„Aber hattest du denn keine Angst, so hoch hier oben und so ganz allein?"

„Nein", erwiderte Eirene lebhaft, „ich bin nämlich gern allein. Meine Kinderfrau geht mir auf die Nerven. Sie hat solche Angst vor meinem Vater, daß sie nie ein Auge von mir läßt. Eirene hier und Eirene da, Eirene dies und Eirene das. So geht es den lieben langen Tag; es ist zum Verrücktwerden! Warum soll ich immer bloß tun, was sie will und gehen, wohin sie will? Hast du niemals Lust, einfach wegzulaufen und das zu tun, was du willst, anstatt die ganze Zeit über das zu tun, was du sollst?"

Der Junge lachte laut. Ha, hier hatte er eine gleichgesinnte Seele gefunden!

„O ja", erwiderte er, „mir ergeht es ebenso. Darum komme ich ja hier den Hohlweg heraufgestiegen, um allen davonzulaufen, und um das zu tun, was ich mag. Manchmal, wenn ich Zeit habe, schwimme ich über die Teiche und klettere weiter die Felsen hinauf, bis dahin, wo die Adler hausen. Eines Tages werde ich noch weiter gehen. Eines Tages werde ich den Fluß bis zu seiner Quelle verfolgen. Eines Tages werde ich bis zum höchsten Gipfel emporklettern und das ganze Land Phrygien überschauen bis hin zum Meer im Westen. Und eines Tages werde ich auch noch das Meer überqueren. Ich habe gehört, Griechenland soll das schönste aller Länder sein."

Er hielt inne, selber erstaunt über diesen Ausbruch, denn für gewöhnlich behielt er seine Wünsche und Sehnsüchte still für sich. Dann kehrten seine Gedanken jäh wieder zurück zu dem kleinen Geschöpf an seiner Seite, das ihn mit großen, hellen Augen anstarrte und teilnahm an seinen Traumfahrten.

„Du mußt jetzt heim!" sagte er. „Deine Kinderfrau wird außer sich sein. Was ist überhaupt mit deiner Mutter? Blieb sie in Laodizea zurück?"

Ein Schatten legte sich über das Gesicht des Kindes. „Sie starb vor zwei Jahren", sagte Eirene schlicht. „Wäre sie noch am Leben, wäre alles anders für mich. Sie hat mich nie die ganze Zeit über beaufsichtigt. Sie ließ mich spielen, Blumen pflücken und gehen, wohin ich wollte. Wenn sie noch am Leben wäre, dann wäre ich frei."

„Hast du keine Brüder oder Schwestern, mit denen du spielen könntest?"

„Nein, ich habe keine Geschwister. Vater sagte, ich sei sein einziger, kostbarster Besitz; darum wagt meine Kinderfrau es auch nie, mich aus den Augen zu lassen. Mein Vater ist ein vielbeschäftigter Mann, immer bei den Webstühlen oder auf der Suche nach Wolle oder auf Geschäftsreisen nach Ephesus oder Milet mit seinen Waren. Ich glaube, er vergißt mich manchmal ganz."

„Das tut er bestimmt nicht", sagte der Junge tröstend. „Komm, Eirene! Wir müssen jetzt sofort heimgehen. Steige hier über den Ast, und jetzt herunter auf den nächsten Stein und hinein ins Flußbett. Hier kannst du besser gehen. Reiche mir die Hand! Und jetzt springst du einfach von Stein zu Stein, so wie ich, dann werden wir bald unten sein."

Besorgt hielt er Ausschau nach den Schatten unter ihm. Oh weh! Schon war der halbe Olivenhain in Schatten getaucht. Er war spät dran, sein Herr hatte einen vornehmen Gast und würde schon seit einer Stunde nach ihm verlangt haben. Er hatte ja nicht gewußt, was sich im Hause seines Herrn ereignet hatte. Schon am frühen Morgen hatte man ihn mit einer Nachricht zu den Schafhirten auf einen weit entfernten Weideplatz hoch oben im Tal geschickt. Erst nach Philemons Mittagsruhe hatte man ihn zurückerwartet. Vielleicht konnte er irgendeine Geschichte erfinden, wie schwierig es gewesen sei, die Herden zu finden. Das könnte seine Prügelstrafe wenigstens so lange hinauszögern, bis sein Herr Nachforschungen angestellt hätte. Auf jeden Fall machte es ihm nicht viel aus. An Prügel war er gewöhnt. Worauf es ankam, das war das flinke, kleine Geschöpf neben ihm, das seine Hand so fest hielt und so fröhlich und ausgelassen lachte, wenn es den Halt verlor und von einer Seite des Flußbettes zur andern rutschte. Er mußte die Kleine heil und sicher zu ihrer Kinderfrau bringen.

Und ihr dann Lebewohl sagen? Sie war die einzige Tochter eines reichen Kaufmanns aus Laodizea, und er nur ein armer Sklave aus Kolossä. Warum weigerte sich sein Innerstes so verbissen, ihr für immer Lebewohl zu sagen? Sie waren jetzt schon beinahe aus der Felsschlucht heraus. Er wollte ihr gerade von einem Felsblock herunterhelfen, der zu hoch für sie war. Doch bevor er sie fassen konnte, wurde er von einem durchdringenden Schrei hinter seinem Rücken erschreckt. Schnell wandte er den Kopf und erhielt einen heftigen Schlag ins Gesicht und dann noch einen und noch einen von einem kräftigen jungen Sklaven, während die Kinderfrau in hysterisches Geschrei ausbrach und ihre Arme nach dem Kind ausstreckte.

„Oh, Herrin Eirene, Herrin Eirene, du böses Mädchen!" kreischte die Kinderfrau. „Wie konntest du so ungehorsam sein und mit diesem schlimmen Jungen davonlaufen? Oh, Herrin Eirene, ich bin außer mir, den ganzen Weingarten habe ich abgesucht, in dem du doch bleiben solltest. Wie konntest du nur auf einen solchen Nichtsnutz hören und deiner armen Kinderfrau davonlaufen? Oh, schlag ihn nochmal, Menander! Prügle ihm die Seele aus dem Leib!"

Menander hielt den Jungen fest. Er bemerkte, daß er keinen Widerstand leistete und auch nicht zu fliehen versuchte. Er hob die Hand, um ihn erneut zu schlagen. Da ertönte plötzlich über ihm ein Wutgeschrei. Eirene stand auf dem Felsblock wie eine kleine, wilde Furie, mit blitzenden Augen und zitternd vor Zorn.

„Laß ihn sofort los, Menander!" rief sie. „Tu sofort, was ich dir sage, oder ich werde es meinem Vater erzählen. Wie kannst du es wagen, diesen Jungen zu schlagen?"

Auf einmal war sie keine wutentbrannte Zornesgöttin mehr, sondern brach in Tränen aus. Sie war nur noch ein erschrecktes, verletztes, kleines Mädchen, dem man seinen glücklichen Nachmittag verdorben hatte. Sie stieß ihre Kinderfrau von sich, rutschte ohne fremde Hilfe von dem Felsblock herunter und stellte sich schützend vor den Jungen.

Menander hatte ihn losgelassen. Er hatte große Furcht vor den Launen seiner kleinen Herrin.

„Weiß mein Vater schon, daß ich verschwunden bin?" fragte Eirene und putzte sich die Nase. Die Tränen rannen ihr zwar noch immer über die Wangen, aber sie hatte sich in ihrer ganzen kleinen Größe aufgerichtet und hielt den Kopf hoch.

„Nein, Herrin Eirene!" zwitscherte die Kinderfrau besänftigend. „Er redet noch immer über Geschäfte, aber er kann dich jetzt jeden Augenblick rufen lassen."

„Ich werde aber überhaupt nicht mit euch zurückkommen, wenn ihr über diesen Jungen schlecht redet", entgegnete Eirene. „Hier bleibe ich stehen, und dann wird mein Vater sehr, sehr böse auf euch sein, weil ihr beide nicht besser auf mich aufgepaßt habt. Er wird euch alle beide streng bestrafen, wenn ich es ihm sage."

Ja, so würde es wohl kommen. Die Kinderfrau brach in Tränen aus und stammelte Entschuldigungen. Menander kratzte sich ratlos am Kopf. Der Junge blickte das Mädchen fest an.

„Komm heim, Eirene", sagte er sanft. „Ich muß jetzt an meine Arbeit gehen; aber wenn ich deinen Vater sehe, werde ich ihm sagen, daß du gleich da sein wirst." Er ergriff ihre Hand und half ihr über den letzten Felsblock hinüber. Menander beherrschte sich nur mühsam.

„Aber, Herrin", widersprach die aufgebrachte Kinderfrau, „bedenke doch, ein gewöhnlicher Sklave ..."

„Was er ist, das kümmert mich überhaupt nicht", versetzte Eirene aufbrausend. „Er ist ein Junge wie jeder andere, und er hat mir geholfen. Lebwohl, und vielen Dank. Eines Tages treffen wir uns bestimmt wieder!"

„Das mögen die Götter verhüten", murmelte Menander vor sich hin; aber der Junge achtete nicht darauf. Er wandte sich um und schaute Eirene an und sprach zu ihr allein, als würde er ihr ein Versprechen geben: „Ja, eines Tages treffen wir uns wieder!"

2

Er eilte den steilen Abhang des Olivenhains hinunter und erreichte atemlos das Haus seines Herrn. Eirene hatte nicht wissen sollen, daß er Philemons Sklave war, aber zuletzt war natürlich doch alles herausgekommen. So erging es ihm immer. Um die Tatsache seiner Sklaverei kam er nicht herum. Und doch hatte ihr das eigentlich nichts ausgemacht. Obwohl sie nun alles wußte, war sie doch neben ihm stehengeblieben und wollte ihn sogar wiedersehen. Dieser Gedanke wärmte ihm das Herz. Darüber vergaß er ganz seine brennenden Backen; er dachte erst wieder daran, als er völlig außer Atem in das Haus seines Herrn stürzte und plötzlich Philemons Sohn, dem jungen Archippus, gegenüberstand.

„Du bist spät dran, Onesimus", sagte Archippus streng. „Mein Vater hat schon nach dir verlangt. Er hat Besuch und befahl, du solltest ihnen nach ihrer Mittagsruhe den Wein bringen. Er ist sehr unzufrieden mit dir. Wo bist du gewesen, und warum hast du so rote Backen? Hat dich vielleicht jemand geschlagen?"

„Ich bin unten auf den Schafweiden gewesen", versuchte sich Onesimus herauszureden. „Es dauerte lange, bis ich die Schafhirten endlich fand. Sie waren an den Fluß hinuntergestiegen, um die Herden zu tränken."

„Du Lügner!" stieß Archippus verächtlich aus. „Schon um die Mittagszeit warst du zurück von den Weideplätzen. Einer der Sklaven hat dich gesehen, wie du vor mehreren Stunden zu deinem geliebten Hohlweg liefst; mein Vater weiß es; versuche also bloß nicht, ihm einen Bären aufzubinden."

Noch vor zwei, drei Jahren hatten Onesimus und Archippus zusammen die Felsen erklettert. Seit Archippus die Schule verlassen hatte, war er eifrig bemüht, das neue Verhältnis Herr – Sklave auszukosten, und Onesimus war ebenso eifrig bemüht, ihm das übelzunehmen. Trotz allem bestand aber immer noch eine enge Bindung zwischen ihnen. Als kleiner Junge hatte Archippus oft viele Stunden in der Hütte der Sklaven verbracht. Er hatte dem Mahlen des Mühlsteins zugeschaut, das Holzkohlenfeuer angeblasen und sich in die Haufen schwarzer Schafwolle gekuschelt, die aufs Verspinnen warteten. Die beiden Jungen hatten zusammen die Flußbetten erforscht, Dämme gebaut, einander Vogelnester und Fuchsbauten gezeigt und gemeinsam die Spuren der Bären und wilden Hunde verfolgt. Onesimus haßte Archippus und schämte sich dessen, denn Archippus war früher sein bester Freund gewesen. Archippus dagegen liebte Onesimus und schämte sich dieser Liebe, denn nur ein Weichling liebte einen Sklaven.

„Wer ist der Besucher?" fragte Onesimus, wischte sich schnell den Lehm von Händen und Armen und streifte eine frische Tunika über.

„Es ist Polemon aus Laodizea", berichtete Archippus mit wichtiger Miene. „Er ist der reichste Mantelfabrikant der ganzen Stadt und hat beschlossen, unsere Wolle zu kaufen. Er kam heute morgen herüber, um sich unsere Herden anzuschauen und ein paar Wollproben mitzunehmen. Vielleicht wird er auch noch anderen aus seiner Gilde unsere Wolle empfehlen. Das könnte für uns eine Reise nach Ephesus bedeuten, und wenn – dann fahre ich mit hin!"

Onesimus befestigte seinen Gürtel und erwiderte nichts. Etwas furchtsam betrat er die Säulenhalle und stand vor seinem Herrn. Archippus, der gern mitansehen wollte, was nun geschehen würde, schlüpfte hinter ihm hinein und ließ sich zu den Füßen seines Vaters nieder.

Philemon und sein Gast saßen auf seidenen Polstern, nippten an ihren Weinbechern und unterhielten sich eifrig. Es war ein schöner Innenhof, beschattet von einem alten Weinstock, an dem dicke, reife Trauben über das kunstvoll geschmiedete Gitter herabhingen, das ihn stützte. Der Fußboden bestand nach griechischem Stil aus buntem Mosaik, und in der Mitte plätscherte ein Springbrunnen. Philemon, ein wohlhabender Gutsbesitzer mit einem scharfgeschnittenen, wettergebräunten Gesicht, drehte sich mit einer heftigen Bewegung nach dem jungen Herumtreiber um. Er hatte einen bedeutenden Gast bei sich, und obwohl ihm genug Sklaven zur Verfügung standen, hätte er doch gern diesen anmutigen,schönen Knaben zur Bedienung gehabt.

„Warum kommst du so spät?" fragte er mit kalter Stimme.

Da fiel es Onesimus plötzlich ein, daß es günstig für ihn sein könnte, wenn er die Wahrheit sagen würde – oder doch wenigstens einen Teil davon. Das würde auch eine herrliche Gelegenheit sein, sich an dem Sklaven Menander zu rächen. Er wandte sich um und verbeugte sich vor dem Gast.

„Ich bitte um Verzeihung, Herr", sagte er. „Du hast eine kleine Tochter?"

Philemon runzelte die Stirn, und der Gast hob die Augenbrauen, als ob er sagen wollte: „Und wenn schon, was geht das dich an?"

Onesimus ließ sich nicht entmutigen, sondern fuhr fort: „Sie streifte bei ihrem Spiel zu weit umher, Herr. Ich sah sie in der Schlucht die Felsen hinaufklettern und folgte ihr. Sie war so klein, Herr, und die Felsblöcke hoch. Ich half ihr sorgsam beim Abstieg über die unwegsamen Stellen."

„Im Namen der Götter!" rief Polemon und erhob sich halb von seinem Sitz. „Wo war ihre Kinderfrau? Und wo ist Eirene jetzt?"

„Ich brachte sie zu ihrer Kinderfrau zurück und übergab sie ihr, Herr", erwiderte Onesimus. „Ich traf sie und den Sklaven Menander am Eingang zu den Weingärten, wo sie nach ihr suchten. Der Kleinen ist kein Leid geschehen. Wenn du willst, daß ich sie hereinholen soll ..."

„Ich will selber gehen und nachsehen, ob alles in Ordnung ist", sagte Archippus und stand schnell auf. Er war ganz rot geworden vor Ärger und Neid auf Onesimus. Daß dieser unverschämte junge Sklave das Glück gehabt hatte, Polemons Töchterchen Gesellschaft zu leisten und es zu beschützen! Hastig verließ er den Raum, und Polemon warf Onesimus achtlos ein Goldstück zu.

„Nimm das für deine Dienste", sagte er. „Die Kinderfrau wird noch heute abend davongejagt und der Sklave bestraft werden. Eirene ist ein eigensinniges kleines Mädchen. Ihr fehlt die Mutter. – Um wieder auf jene Ballen Wolle zurückzukommen, von denen wir soeben sprachen ..."

Seine Tochter hatte er schon wieder vergessen und dachte mit spähenden, zusammengekniffenen Augen nur noch ans Geldverdienen. Onesimus stand eine Zeitlang ruhig abwartend daneben und schenkte den Herren bei Bedarf Wein ein. Dann schickte Philemon ihn fort, um Obst zu holen. Auf nackten Füßen verließ er leise den Raum.

Als er auf dem Weg zur Küche den äußeren Hof überquerte, blieb er stehen und hielt erregt den Atem an. Eirene saß vor dem Haus, umrahmt von den Weinblättern, die in dicken Büscheln um den Eingang hingen. Sie spielte mit einem schwarzen Lamm, das Archippus ihr gebracht hatte. Er saß neben ihr, und beide lachten über das zahme, anschmiegsame Geschöpf. Die Kinderfrau stand ein Stückchen weiter entfernt und beobachtete die beiden mit wachsamem Auge. Als Onesimus sich ihnen näherte, blickte Eirene auf und rief ihn freudig an. Lächelnd ging er einen Schritt auf sie zu. Da stand Archippus sofort auf.

„Zurück an deine Arbeit, Sklave!" befahl er, und Onesimus hatte keine andere Wahl, als dem Sohn seines Herrn zu gehorchen. Er schämte sich, noch einmal in das glückliche, unschuldige Gesichtchen zu blicken und beeilte sich, seinen Auftrag auszuführen. Erst als er wieder hinter seinem Herrn stand, merkte er, daß etwas mit ihm geschehen war. In diesen wenigen Augenblicken hatte er sich verändert.

Erstens war das Band gemeinsamer Kindheitserinnerungen endgültig zerrissen, und der Haß gegen Archippus hatte sich tief bei ihm eingewurzelt. Zweitens hatte er den festen Entschluß gefaßt, frei zu werden. Was immer es auch kosten mochte, was immer er auch tun müßte, um dieses Ziel zu erreichen, eines Tages würde er frei sein. Er tastete nach der kleinen Goldmünze, die er in seinen Gürtel geknotet hatte.

„Ich will sie aufheben, bis ich mir meine Freiheit erkaufen kann", sprach er zu sich selbst. „Diese Münze soll mein Anfangskapital sein."

„Sklave!" rief Philemon mit scharfer Stimme und

klatschte in die Hände. „Ich habe dich angeredet, und du hörst überhaupt nicht hin. Hole sofort Herrn Polemons Mantel und ordne an, daß die Sklaven seine Sänfte zurechtmachen."

Die Sklaven warteten schon auf den Aufbruch und schauten besorgt nach der sinkenden Sonne. Sie mußten ja noch 15 Kilometer zurücklegen, und das Tal war voller Diebe und Räuber, die nach Sonnenuntergang den wohlhabenden Reisenden auflauerten. Onesimus half Polemon in seinen Mantel und zog ihm die Sandalen an. Dann zog er sich zu den Stallungen zurück, um von dort aus die Abreise zu beobachten. Er sah, wie Archippus das kleine Mädchen in den Sitz neben ihrem Vater hob und wie er ihr ein paar Maulbeeren auf einem Weinblatt reichte. Er bemerkte, daß sie ihm ernst und höflich, aber mit abgewandtem Blick dankte; sie sagte auch nicht zu ihm: „Eines Tages treffen wir uns wieder!" Als sich die vier Sklaven, welche die prächtige Sänfte auf ihren Schultern trugen, in Bewegung setzten, sah er, wie sie sich hinauslehnte und einen langen Blick zurückwarf – aber nicht auf Archippus! Warum eigentlich nicht? fragte er sich. Archippus war doch ein hübscher, kräftiger Bursche, zwei Jahre älter als er und einen halben Kopf größer!

Als er die Reste des Mittagessens weggeräumt, den Abendbrottisch gedeckt und den Wein mit Honig gemischt hatte, war die Sonne schon am Untergehen. Ein anderer Sklave würde die Familie beim Abendessen bedienen, und er durfte nun nach Hause gehen. Da er beim ersten Hahnenschrei aufstehen mußte, pflegte er abends nur noch schnell zu essen und sich dann gleich zum Schlaf niederzulegen. Heute abend hatte er es nicht so eilig, und schläfrig fühlte er sich auch noch nicht.

Nachdem er das einfache Linsengericht gegessen

hatte, saß er noch lange auf der Schwelle der Hütte und schaute hinaus über das weite Land, wo die Sonne soeben hinter den Bergen im Nordwesten des Tals verschwunden war, während ihre letzten Strahlen den Himmel in rote Glut tauchten. Auf der Ebene von Kolossä war die Ernte beinahe beendet, und die langsamen hölzernen Ochsenwagen rumpelten die staubigen Wege zwischen den Pappeln entlang. Die müden Erntehelfer ruhten sich auf ihren Weizengarben aus. Jenseits des Tals konnte Onesimus die weißen Kreidefelsen und die Wasserfälle von Hierapolis erkennen und weiter unten auf dem grünen Hügel hinter dem Fluß die Dächer und Säulen von Laodizea.

Vielleicht war Eirene schon daheim angelangt. All die vertrauten Laute der Dämmerung nahm er heute deutlicher wahr als je zuvor: das Quaken der Frösche im Sumpf, das Zirpen der Grillen, das Geklapper eines Storches, der heimwärts zu seinem Nest flog, das Blöken der eingepferchten Schafe. Mit wachem Entzücken betrachtete er die zierlichen Ranken des Weinlaubs und die aufbrechenden dunkelroten Knospen der Granatapfelblüten neben seiner Hand. Wieder spürte er es: Er hatte sich verändert.

„Mutter, bitte erzähle mir von meinem Vater!" sagte er plötzlich.

Die Mutter lachte und setzte sich neben ihren unruhigen Sohn. Während ihre Hände mit der Wollkratze die schwarze Schafwolle kämmten, beschäftigten sich ihre Gedanken nur mit ihm. Sie war eine schöne, dunkeläugige Phrygierin, als Sklavin geboren und zufrieden mit ihrem verhältnismäßig freundlichen Herrn. Sie hatte ihren Gatten sehr geliebt. Und doch war sie froh gewesen, als der Tod ihm die Freiheit schenkte, denn für ihn war die Sklaverei eine zu schwere Bürde gewesen.

„Ach, du weißt doch schon alles, was es da zu wissen gibt", sagte sie. „Was ist denn nur heute abend mit dir los?"

„Nichts", erwiderte er. „Ich wollte nur gern wieder von meinem Vater hören."

„Er wurde zu Füßen des Berges Parnaß in Griechenland geboren", begann seine Mutter, „und er liebte alles Schöne. Als er heranwuchs, ging er zum Studium nach Athen. Er sagte, das sei die schönste Stadt der Welt. So manchen Abend lang hat er neben mir gesessen und mir von seinem Land erzählt. Von Inseln hat er gesprochen, die wie Edelsteine in der blauen See funkeln, von Bergen, deren Gipfel in Wolken gehüllt sind, und wo die Götter leben, und von der großen, aus Marmor erbauten Akropolis auf einem Hügel über der Stadt. Er heiratete mich, weil ich schön war und weil er mich liebte; aber glücklich war er niemals hier in einem fremden Land unter fremden Göttern. Die freigeborenen Menschen können sich nie ganz der Sklaverei unterwerfen. Für ihn war es gut, daß er zu Kybele und ihren lieblichen, grünen Wiesengründen zurückgekehrt ist." Sie verstummte und blickte in die Dämmerung hinaus.

„Weiter, Mutter", bat Onesimus. „Erzähle mir jetzt von den Räubern!"

„Dein Vater war viel unterwegs, er wollte immer sehen, was hinter der nächsten Bergkette lag", sagte die Mutter mit einem zärtlichen Lächeln. „Jahrelang studierte er an einer Schule in Athen. Eines schönen Frühlingstages reiste er zu der Universität von Tarsus, um dort die Vorlesungen eines gewissen Athenodorus zu hören. Von dieser Reise hat er mir viel erzählt. Im Frühsommer schloß er sich einer Karawane an, als gerade der Schnee auf den Taurus-Bergen schmolz. Wie er die Gazellen auf den zilizischen Ebenen liebte! Gegen Ende des Sommers reiste er weiter und überwinterte in Jerusalem."

„Hat er dir viel von Jerusalem erzählt?"

„O ja. An manch einem Winterabend hat er am Feuer gesessen und von Jerusalem erzählt. Weißt du, er kam zu einer merkwürdigen Zeit dort an, damals, vor 26 Jahren. Kurz vorher hatten die Römer einen Mann namens Jesus gekreuzigt. Die jüdischen Machthaber haßten ihn, doch das einfache Volk liebte ihn sehr."

„Warum haben die Machthaber ihn gehaßt?"

„Sie fürchteten ihn. Er hat irgendeine neue Religion verkündet. Aber obwohl sie ihn gekreuzigt hatten, wimmelte es in jenem Winter in Jerusalem nur so von seinen Anhängern. Seltsame Geschichten über ihn gingen um. Hunderte erklärten, er sei von den Toten auferstanden. Sie hätten ihn tatsächlich gesehen. Außerdem hatten seine Anhänger etwas Besonderes, Furchterweckendes an sich. Sie besaßen übernatürliche Kräfte. Dein Vater hat es selber mitangesehen, wie einer von ihnen einen stadtbekannten lahmen Bettler bei der Hand ergriff und ihm im Namen Jesu befahl, aufzustehen und umherzuwandeln. Und der Mann lief wirklich in den Tempel der Juden hinein, sprang dort umher und jauchzte vor Freude. – Es hat den Anhängern dieses Mannes auch offenbar gar nichts ausgemacht, daß sie verfolgt wurden."

„Aber warum wurden sie denn überhaupt verfolgt? Was taten sie Böses?"

„Gar nichts! Sie taten nur Gutes. Aber ihre Lehre hätte die Welt auf den Kopf gestellt. Sie lehrten Bruderschaft zwischen Juden und Heiden, zwischen Sklaven und Freien. Unterschiede gab es für sie nicht. Natürlich waren die Oberschicht und die Führer der Juden dagegen."

„Hat mein Vater diese Lehre angenommen?"

„Nein. Er hatte seine eigenen Götter und Göttinnen, die auf dem Berge Parnaß lebten, den Donnergott und den Kriegsgott und die Göttinnen der Jagd. Seine Lieblingsgöttin war wohl die Göttin der Schönheit, denn er pflegte zu sagen, er sähe sie überall: in den Sonnenuntergängen, in den ersten Frühlingsblumen und in den zarten Weinranken.

Vater blieb mehrere Monate in Jerusalem, und gerade bevor er abreiste, erlebte er etwas, das er nie wieder vergaß. Ein Anhänger Jesu namens Stephanus war vor Gericht geschleppt worden. Man hatte ihn bei einem Straßenauflauf verhaftet. Dein Vater hatte dabeigestanden. Stephanus durfte sich verteidigen, aber es schien ihm gleichgültig zu sein, ob er freigesprochen oder hingerichtet würde, wenn er nur etwas über seinen Glauben an diesen Jesus sagen konnte. Die Volksmenge geriet schließlich in Wut und fing an zu schreien und zu fluchen, doch er beachtete es gar nicht. Er richtete seinen Blick zum Himmel empor, und sein Antlitz leuchtete wie das eines Gottes. Er sagte irgend etwas, aber dein Vater konnte es nicht verstehen. Einer, der neben ihm stand, hat später versichert, er hätte gerufen: ‚Ich sehe den Himmel offen und Jesus zur rechten Hand Gottes stehen.' – Jedenfalls wurde die Volksmenge wild, fiel über ihn her, stieß ihn zur Stadt hinaus und fing an, ihn zu steinigen. Er blickte wieder empor und rief etwas, brach jedoch bald unter dem Steinhagel zusammen. Kurz vor seinem Tode bat er seinen Gott, er möge seinen Mördern vergeben."

„Seinen Mördern vergeben?" Onesimus lachte laut auf. „Das glaube ich nicht!"

„Und doch ist es wahr. Dein Vater hat es selber gehört und vergaß es nie."

„Dann war dieser Stephanus ein armer Narr. – Erzähle mir jetzt von den Räubern!"

„Dein Vater verweilte noch länger in Jerusalem und zögerte seine Heimreise zu lange hinaus. Die ersten Regengüsse strömten schon hernieder, als er durch die schmale zilizische Pforte schritt. Er und seine Reisegefährten wurden von der Nacht überrascht. Da kamen Räuber von den Hängen heruntergestürmt. Sie nahmen ihm alles ab: sein Geld, seine Kleider, und – was ihn besonders schmerzte – seine kostbaren Bücher. Er selber wurde gefangengenommen und auf einem phrygischen Sklavenmarkt verkauft."

„Und dann ist er dir begegnet", sagte Onesimus leise.

„Mein Herr bezahlte einen hohen Preis für ihn, denn dein Vater war jung, stark und hübsch, und er heiratete mich, die ich auf dem Gut geboren worden war. Ich versuchte ihn zu trösten und schenkte ihm Kinder, aber das Leben war sehr hart auf jenen einsamen Hochebenen. Unsere ersten drei Kinder starben. Dein Vater wurde nie ein richtiger Sklave; nichts konnte seinen wilden griechischen Stolz zähmen."

„Und dann wurde ich geboren."

„Ja, du wurdest geboren, und dann kam bald das Ende. Unser Herr war entschlossen, Vaters Stolz zu brechen. Er ließ ihn stundenlang in dem tiefen zilizischen Schlamm arbeiten, obwohl er schon vom Husten und vom Fieber geschwächt war. Eines Tages befahl er ihm, ein Sklavenkind zu schlagen, das versehentlich etwas zerbrochen hatte. Dein Vater weigerte sich. Unser Herr schlug ihn, und dein Vater schlug zurück. Vater erholte sich nicht mehr von der Strafe, die sie ihm verabfolgten, obwohl er Tag für Tag im Fieber die Götter anflehte, ihm Kraft zu verleihen, damit er sich rächen könne. Sehr seltsam war das damals . . . In jener Nacht, als er starb, sprach er von jenem Stephanus. – ‚Wie konnte er nur sterben ohne Furcht und ohne Haß?' fragte er mich. ‚Wie konnte er um Vergebung bitten für seine Mörder? Wen mag Stephanus gesehen haben?' – Diese Frage wiederholte er mehrmals, aber ich konnte ihm keine Antwort geben. Bei Tagesanbruch starb er."

„Und dann?"

„Bald danach rächten ihn die Götter. Sein Herr stürzte auf der Jagd vom Pferd und wurde von einem wilden Eber getötet. Wir wurden alle wieder verkauft, aber das Schicksal war uns gnädig. Wir beide, du und ich, wurden von demselben Herrn erworben, und du solltest die Götter preisen, mein Sohn, daß wir zu einem gerechten Herrn gekommen sind."

„Warum muß ich.überhaupt einem Herrn als Sklave dienen?" murrte der Junge.

Seine Mutter lächelte sanft und strich mit ihren Fingern durch sein dichtes, dunkles Haar. „Du bist wie dein Vater, du liebst die Schönheit und die Freiheit, und das ist schlimm für dich. Aber heute abend will ich dir etwas verraten, was ich dir noch nie gesagt habe. Jede Geldmünze, die ich irgendwie verdienen oder auch stehlen kann, lege ich für dich beiseite, um dir deine Freiheit zu erkaufen. Eines Tages wirst du frei sein."

Er tastete nach dem Goldstück in seinem Gürtel, und eine wilde Hoffnung flammte in seinem Herzen auf. Eines Tages würde er frei sein; er würde frei umherstreifen; er würde hassen und sich rächen; und er würde frei sein für die Liebe.

Er starrte zum nächtlichen Himmel empor, wo schon die ersten Sterne über Laodizea funkelten.

3

Die heißen Sommertage eilten schnell dahin, und Onesimus mußte vom frühen Morgen bis zum späten Abend arbeiten. Die Weizenernte war schon beinahe eingebracht. Da herrschte Freude beim Dreschen auf der Tenne, da wurden Opfer dargebracht, da fanden Umzüge statt. Und noch bevor das Getreide in den unterirdischen Vorratsgruben aufgespeichert worden war, kam schon die Zeit der Weinlese heran. Trupps von Sklaven arbeiteten den ganzen Tag über in den Weingärten, pflückten die Trauben ab, breiteten sie zum Trocknen aus, brachten sie in großen Karren zur Kelter, beschnitten die Weinstöcke und feierten berauschende Bacchus-Feste.

Onesimus liebte diese fröhliche Zeit des Jahres. Als dann die Feigen und Granatäpfel geerntet wurden, färbten sich die Pappeln auf der höher gelegenen Ebene bereits goldgelb, und auch das Farnkraut an den Hängen fing an zu gilben. Die Luft roch berauschend und duftete süß wie alter Wein. Auf den Flachdächern dörrten Korn, Rosinen, Feigen und Granatäpfel im Sonnenschein. Morgens war es kühl, und der Nebel wallte vom Fluß her durch das Tal. Die Bäume waren schwer mit Früchten beladen. Kybele, die Mutter der Natur, schien ihre Kinder in verschwenderischer Fülle mit Gaben zu überschütten, als letztes Zeichen ihres Segens, bevor die dunklen Wintertage kommen würden.

Noch bevor die Olivenernte beendet und das Öl daraus gewonnen war, wirbelten die ersten Schneeflocken durch die Felsschluchten, und der kegelförmige Berg im Osten und der Gipfel des Cadmus trugen weiße Schneehauben. Rauhe Winde fegten durch die Schluchten und über die Ebenen, und schon war der Winter da, mit dem Geheul der Schakale, mit Regen und Schlamm, mit der Stille des Schnees und den grellroten Sonnenuntergängen im Tal.

Die Reichen zündeten ihre großen Kohlepfannen an, und die Sklaven füllten sie emsig mit glühender Holzkohle. Doch den Sklaven selber erging es schlecht in ihren undichten Lehmhütten. Die großen Straßen nach Osten waren zugeschneit. Keine Reisenden kamen mehr durch, und keine Nachrichten von der Außenwelt erreichten sie mehr. Es gab wenig zu tun und noch weniger zu bereden. Den einzigen Gesprächsstoff bildeten die bittere Kälte und der Rheumatismus der alten Sklaven.

Eines Tages ging Onesimus in der Morgendämmerung hinaus ins Freie und hörte das Blöken der ersten neugeborenen Lämmer und fühlte den Hauch eines warmen Südwindes, der von den Gebirgspässen herabwehte. Er wußte es. Jenseits des Gebirges wogte die blaue See. Als er sich umblickte, entdeckte er ein Büschel niedriger Narzissen, die im Schlamm aufgeblüht waren. Ja, der Frühling war im Anzug. Bald würde das Pflügen und Säen wieder beginnen, und die Störche aus Syrien würden wieder eintreffen.

Der warme Südwind brachte alles in Bewegung. Die Sonne kam heraus, und der Schnee fing an zu schmelzen. Die Bäche stiegen über ihre Ufer, stürzten schäumend durch das Tal und setzten die Wiesen halb unter Wasser. Schiffe begannen wieder, das Meer zu befahren, und auf den Straßen drängten sich wieder fröhliche Reisende mit den neuesten Nachrichten aus Ost und West. Herrin Apphia, Philemons Frau, nützte das schöne Wetter zu einem großen Frühjahrsputz. Da gab es eine Menge zu tun. Die kleine Pascasia, ihre Tochter, adoptierte ein mutterloses Lamm und zog es auf wie ein Baby.

„Nächste Woche reisen wir nach Laodizea", bemerkte Archippus so ganz nebenbei an einem Frühlingsabend. Er war an der Stalltür stehengeblieben, wo Onesimus gerade die Reitausrüstung seines Herrn putzte. „Mein Vater und ich sollen beide einen neuen Mantel von Herrn Polemon bekommen, und ich soll auch neue Sandalen kriegen. Meine alten werde ich dir geben, Onesimus."

Onesimus nahm diese Gunst so ungnädig zur Kenntnis, wie er es nur wagen durfte. Er konnte Archippus in diesen Tagen nicht begreifen. Er wuchs sehr rasch und war mit seinen fünfzehn Jahren schon fast so groß wie sein Vater. Bald schnauzte er Onesimus an und demütigte ihn auf jede erdenkliche Art, bald suchte er ihn auf, bemühte sich, das frühere kameradschaftliche Verhältnis wiederherzustellen und bot ihm Geschenke an. Aber er hätte ebensogut versuchen können, zu einer leblosen Wand freundlich zu sein. Er merkte nicht, wie genau sich Onesimus jedes seiner geringschätzigen und verletzenden Worte merkte. Archippus war für ihn zum Symbol seiner Sklaverei geworden, und er haßte ihn mit der ganzen Kraft seines stolzen Herzens.

Archippus seufzte. Er sehnte sich danach, diesen Jungen völlig zu besitzen, seine Verehrung, seine Achtung und seine Bewunderung zu gewinnen; aber wenn sie beieinander waren, kam es ihm immer so vor, als sei dieser Versuch völlig hoffnungslos. Auch jetzt erkannte er seine Niederlage. Er erhob sich, blieb dann aber doch zögernd stehen.

„Ich soll eine Halskette meiner Mutter zum Goldschmied hinuntertragen, wo sie ausgebessert werden soll", sagte er schließlich. „Halte dich bereit, mich in einer Stunde zu begleiten."

Als sie die Straße hinabschlenderten und sich der Stadt näherten, hellte sich Onesimus' düstere Miene auf. Die Schönheit der ersten Frühlingstage hatte seine Stimmung schon immer gehoben. Die rosafarbenen Mandelblüten brachen aus den kahlen Zweigen hervor, und das Gold des Löwenzahns am Wegrand ließ ihm sogar Archippus weniger verabscheuungswürdig erscheinen. Wäre er allein gewesen, dann wäre er den Berg hinuntergelaufen und gesprungen vor lauter Lust und hätte die Götter gepriesen. Doch nun wanderte er immer zwei bis drei Schritte hinter seinem jungen Herrn her, ganz wie sich das für einen Sklaven geziemte. Eigensinnig lehnte er die Aufforderung seines Herrn ab, neben ihm zu gehen.

„Hoffentlich nimmt mein Vater dich morgen mit nach Laodizea", sagte Archippus in einem Anflug von Großmut. „Da gibt es doch andere Straßen als in dem engen, kleinen Kolossä. Man sagt, Herr Polemon wohne in einem Marmorhaus. Die kleine Herrin Eirene wird sicher gewachsen sein im Laufe des Winters. Ich muß ihr unbedingt ein kleines Geschenk mitbringen."

Eine Wolke verdunkelte für einen Augenblick die Sonne; Onesimus trottete schweigend weiter.

„Der Bote, der uns nach Laodizea gerufen hat, brachte allerhand Nachrichten aus der weiten Welt", fuhr Archippus mit einem kleinen Lachen fort. „In Thyatira beklagen sich die Purpurhändler über die jüdischen Siedler; in Rom regiert der neue Kaiser Nero mit großer

Pracht; noch nie hat ein Kaiser einen solch prachtvollen Glanz entfaltet; drunten in Ephesus haben die griechischen Händler und ortsansässigen Silberschmiede mal wieder einen Straßenaufruhr angezettelt. Die Priester sind besorgt um die Ehre ihrer Göttin, und das nicht nur aus wirtschaftlichen Erwägungen! Es sind Gerüchte im Umlauf über eine sonderbare neue Lehre, die überall Wurzel zu schlagen scheint. Es handelt sich um die Lehre irgendeines Juden, der in der Hauptstadt seines Landes den Kreuzestod starb. Ist das nicht komisch, wie das unwissende Volk gleich auf jedes lächerliche neue Märchen hereinfällt, das ihm zu Ohren kommt!"

Da brach Onesimus plötzlich sein hartnäckiges Schweigen. „Er heißt Jesus. Man sagt, er sei von den Toten auferstanden."

„Woher weißt du das?" fragte Archippus und drehte sich hastig um. Es hatte ihn schon immer geärgert, daß Onesimus oft über Dinge Bescheid wußte, von denen er selber keine Ahnung hatte.

„Ich habe davon gehört", erwiderte Onesimus leichthin. Die Erinnerung an seinen Vater war eine Wunde, die er Archippus noch nie gezeigt hatte.

„Nun ja, jedenfalls wird erzählt, die neue Lehre hätte bereits in Hierapolis Fuß gefaßt", fuhr Archippus fort. „Ein Bürger unserer Stadt Kolossä, der zusammen mit einigen Zeltmachern in Ephesus gearbeitet hat, hat nämlich dort überwintert. Die Anhänger dieses Jesus bringen überall Unruhe hin. Sie fürchten die Dämonen nicht mehr und bringen auch keine Opfer dar. Sie verehren einen unsichtbaren Gott – Juden, Griechen, Phrygier, alle zusammengewürfelt wie ein Haufen einfältiger Schafe. Man sagt, daß die jüdischen Priester alles versucht hätten, um die Bewegung zu unterdrücken, aber diese Leute ertragen geduldig alle Verfolgungen.

Einer ihrer Grundsätze ist es, ihre Feinde zu lieben und ihnen zu vergeben. Das hat ihr gekreuzigter Führer auch getan."

„Nun, ich jedenfalls gedenke meine Feinde weder zu lieben, noch ihnen zu vergeben", versetzte Onesimus ruhig und bestimmt. Schweigend setzten die beiden Jungen ihren Weg fort, bis sie Kolossä erreicht hatten.

Es war eine blühende kleine Stadt, deren Wohlstand auf ihrem Woll- und Purpurhandel beruhte. Ganz an ihrem Rande war eine schnell wachsende jüdische Kolonie entstanden. Die Juden lebten abgesondert und waren unbeliebt. Die Jungen schlenderten durch die Straßen und schauten neugierig in die offenen Läden hinein. Köstliche Gerüche gekochten Fleisches strömten ihnen aus manchen Läden entgegen. Vor den Weinläden drängte sich eine johlende Menge. Zwischen den Häusern lagen bewässerte Gärten mit Marmorstatuen, in denen Kinder herumliefen und Hüpf- und Reifenspiele machten. Die Jungen kamen auch am Tempel vorbei und an der Schule, in der Archippus einmal Lesen, Schreiben, Mathematik, Latein und Griechisch gelernt hatte. Onesimus, der alles darum gegeben hätte, wenn er hätte lesen lernen dürfen, hatte sich immer sehr darüber gewundert, daß Archippus seinen Vater dazu überredet hatte, ihn so früh von der Schule wegzunehmen.

„Geometrie, Astronomie, Philosophie und Musik – was soll ich mit all dem Zeug anfangen?" hatte er zu Onesimus gesagt. „Ich möchte lernen, meines Vaters Gut zu verwalten, ich möchte einmal reisen und Handel treiben wie er und viel Geld verdienen. Bin ich nicht sein einziger Sohn, der all seinen Besitz erben wird?" – Da Philemon dieser Grund eingeleuchtet hatte, durfte Archippus schon mit dreizehn Jahren die Schule verlassen. Jetzt, zwei Jahre später, war er schon ein tüchtiger junger Aufseher, und er hatte einen feinen Spürsinn dafür, wo sich Geld verdienen ließ.

Der Laden des Goldschmieds lag in einer engen Seitenstraße. Die Jungen fanden ihn damit beschäftigt, Gold in einem kleinen Schmelztiegel zu erhitzen, der aussah wie eine Eierschale. Er hatte sich über seinen Schmelzofen gebeugt und war ganz in seine Arbeit vertieft, bis das siebenmal gereinigte Gold ihm sein eigenes Gesicht wie in einem Spiegel zeigte. Die Jungen wollten ihn nicht stören und blieben wartend stehen. Archippus betrachtete gedankenvoll eine kostbare kleine Kette mit einem Anhänger.

„Das Ding da würde ich gern um Eirenes schlanken, weißen Hals hängen", sagte er. „Und sieh mal, Onesimus, dieses Armband – welch ein Kunstwerk! Und diese sonderbaren kleinen Götterfiguren!" – Unruhig durchstreifte er den Laden, während Onesimus ganz still dastand und das siedende Metall beobachtete und die geschickten Hände des Goldschmieds, der das edle Metall von seinen Schlacken reinigte.

Endlich blickte der alte Mann von seiner Arbeit auf. Archippus reichte ihm die zerbrochene Halskette und erklärte ihm, was seine Mutter daran getan zu haben wünschte. Ehrerbietig versprach der Goldschmied, das Schmuckstück bis zum nächsten Tag auszubessern. Philemon war nämlich einer seiner reichsten Kunden, und es gefiehl ihm, daß Philemons eigener Sohn ihn persönlich in seinem kleinen Laden aufgesucht hatte. Gern hätte er sich noch näher nach der Gesundheit und dem Haushalt seines vornehmen Kunden erkundigt, doch Archippus hatte es plötzlich sehr eilig, den Laden zu verlassen. Er wollte auch nicht mehr beim Entladen der Wollballen zuschauen und den Straßenmusikanten zuhören. Mit langen Schritten eilte er voraus, bis die beiden Jungen wieder den steilen Pfad erreicht hatten, der zu dem hochgelegenen Gut führte.

„Warum diese Eile, Herr?" fragte Onesimus überrascht und blieb atemlos am Fuße des Hügels stehen.

„Du mußt wieder zurück an deine Arbeit", entgegnete Archippus. „Mein Vater wird dich brauchen. Los, komm und trödle nicht herum!"

Er eilte schon wieder voraus, als Onesimus ihn anrief.

„Halt, Herr! Warte! Da reitet jemand hinter uns her und ruft etwas. Nach der Art, wie er reitet, muß es ein alter Mann sein. Oh, das ist ja der Goldschmied! Wie ein Sack hängt er auf einem alten Maultier und schwingt seine Reitgerte, als sei ein Unglück geschehen! Er wird unweigerlich herunterfallen, wenn er das arme, alte Tier noch mehr antreibt." – Plötzlich hörte Onesimus auf zu scherzen und blickte Archippus an, der bleich, unruhig und unentschlossen mit flackernden Augen dastand.

„Der einfältige Alte!" murmelte er unsicher. „Was kann er denn nur wollen? Los, Onesimus! Laß uns weitergehen und uns gar nicht um ihn kümmern!"

„Aber, Herr, er wird uns in kurzer Zeit eingeholt haben", erwiderte der Sklave, „falls er sich nicht vorher schon den Hals bricht." – Tatsächlich, der alte Mann hatte die Stadt bereits hinter sich gelassen und arbeitete sich mit aller Kraft den Abhang hinauf, indem er immerfort auf das Maultier einschlug. Onesimus eilte ihm unverzüglich entgegen und kam gerade noch rechtzeitig an, um ihn aufzufangen, als er von seinem Tier heruntergglitt.

„Kann ich dir helfen?" fragte Onesimus. „Ist irgend etwas geschehen?"

„Laß mich mit deinem Herrn reden!" rief der alte

Mann atemlos. Er zitterte und schien ganz verwirrt. „Junger Herr, junger Herr, komm hierher! Was habt ihr Jungen da gemacht? Die Kette mit dem Medaillon ist fort! Schämt euch, einem alten Mann einen solchen Streich zu spielen!"

Einen Augenblick lang herrschte Schweigen. Archippus zögerte seine Antwort etwas hinaus. Dann sprach er, und seine Stimme klang hochmütig.

„Wir wissen nichts von deiner Kette, Plautus. Vielleicht hat sie ein anderer Kunde . . . "

„Aber es war ja gar kein anderer Kunde da!" rief der alte Mann und rang die Hände. „Denkst du denn, ich würde meine Goldsachen nicht kennen, wie ein Vater seine Kinder? Denkst du, ich würde es nicht sofort merken, wenn auch nur ein einziges Stück fehlt? Wenn ihr auch noch so leichtfüßig seid, ihr zwei, mir könnt ihr doch nicht entkommen!" Er zitterte jetzt am ganzen Körper. „Wenn meine Kette nicht wieder auftaucht, werde ich euch zu Herrn Philemons Haus begleiten und euch beide in seiner Gegenwart durchsuchen. Sagt mal, fürchtet ihr denn gar nicht den Zorn der Götter, daß ihr einem alten Mann so etwas antun konntet?"

„Nur ruhig, Plautus", sagte Archippus mit angestrengter Selbstbeherrschung. „Es ist gar nicht nötig, daß du einen so weiten Weg zurücklegst. Dein Ritt hierher ist schon zuviel für dich gewesen. Du kannst uns gleich hier auf dem Weg durchsuchen. Ich will zuerst meinen Sklaven in deiner Gegenwart durchsuchen, und dann kannst du meinetwegen mich durchsuchen."

Er packte Onesimus und zog ihn mitten auf den Weg. Gleichzeitig rief er: „Paß auf dein Maultier auf, Plautus!"

Das Tier wollte sich unbemerkt wieder auf den Heimweg machen. Der Goldschmied humpelte ein paar Schritte bergab und kehrte mit dem Tier am Zügel zurück. Er war atemlos und bemühte sich, die Jungen im Auge zu behalten und fürchtete sich gleichzeitig vor einem plötzlichen Biß seines Maultiers. Archippus tastete Onesimus sorgfältig ab, entfernte seine Sandalen und schüttelte seinen Mantel aus. Dann nahm er ihm den breiten Gürtel ab, und da fiel plötzlich die goldene Kette auf den Boden und funkelte dort vor ihrer aller Augen in der Sonne.

4

Einen Augenblick waren die drei wie betäubt, und die beiden Jungen rührten sich nicht vom Fleck. Dann stürzte sich der alte Mann mit Triumphgeschrei auf seinen Goldschmuck. Er weidete sich an seinem Glanz und strich liebkosend darüber hinweg. Dann hob er seine mageren Hände empor und begann, den Fluch der Götter auf den Dieb herabzubeschwören.

„Nun ist es aber genug, Plautus", sagte Archippus. Er versuchte, mit Würde zu sprechen, doch seine Stimme bebte ein wenig. „Du hast dein Schmuckstück wieder, und ich werde meinen Sklaven nach Hause bringen und zusehen, daß der Gerechtigkeit Genüge getan wird. Ich versichere dir, daß er die Strafe empfangen wird, die er verdient hat."

„Ein Brandmal!" rief der alte Mann und ballte seine schwachen Fäuste gegen Onesimus. „Es muß ein Brandmal sein. Das fordere ich. Persönlich will ich mitkommen und zusehen, wie es ausgeführt wird. Einem Jungen traue ich nicht. Laß mich selber mit seinem Herrn sprechen! Er muß gebrandmarkt werden! Mit weniger gebe ich mich nicht zufrieden!"

„Geh heim, Plautus!" drängte Archippus, zog das Maultier heran und versuchte, den alten Mann zum Besteigen zu überreden. „Ich werde die Sache mit dem Brandmal vor meinem Vater zur Sprache bringen, ganz wie du es wünschst, und er soll dann entscheiden. Ich versichere dir, er wird einen unredlichen Dieb gewiß nicht ungeschoren davonkommen lassen. Der Gerechtigkeit wird Genüge geschehen. Komm, Sklave!" – Er stieß Onesimus mit unsicherer Hand vorwärts und stapfte den Berg hinan.

Aber der alte Mann wollte diese Angelegenheit nicht Archippus überlassen. Seine Leidenschaft verlieh ihm ungeahnte Kräfte. Mit einer gewaltigen Anstrengung zog er sich auf sein Tier hinauf und blieb den Jungen auf dem steilen Pfad dicht auf den Fersen. Dabei fluchte er, und der Speichel floß ihm aus dem Mund, während er vor Anstrengung und Aufregung zitterte.

„Ein Brandmal!" murmelte der Goldschmied immer wieder vor sich hin, das Kennzeichen eines Diebes, das einem Sklaven unauslöschlich auf die Stirn gebrannt wurde und bis zum Tage seines Todes von seiner Schande und von seinem Sklaventum Kunde gab. Kein Mann mit diesem Zeichen an der Stirn konnte je wieder unter freien Männern sein Haupt emporheben. Und Onesimus war erst dreizehn. Er hatte noch einen langen Weg vor sich.

Ein wilder Gedanke durchzuckte ihn. Flucht! Verzweifelt blickte er sich um. Doch wohin sollte er fliehen? Die Hochebene erstreckte sich meilenweit ohne irgendein Versteck. Und das elende, alte Knochenbündel da hinter ihm auf dem Maulesel würde seine Spur sofort aufnehmen, falls er zurück in die Stadt floh. Würde er aber versuchen, die Bergschluchten zu erreichen und sich dort zu verbergen, so würde er verfolgt und gefangen werden wie ein wildes Tier. Nur der Tod konnte ihm jetzt noch Schutz gewähren, und wie gern wäre er ihm in die Arme gelaufen! Aber wo war er zu finden? Der schäumende Fluß war eine Meile weit entfernt. Eine Waffe besaß er nicht. „O ihr Götter, ihr Götter, wenn es euch gibt", rief er aus der Tiefe seines entsetzten Herzens, „o Vater der Götter, o Artemis, du unsere Mutter, kein Brandmal, o nur kein Brandmal!"

Archippus trieb ihn weiter den Berg hinauf, und so erreichte Onesimus bleich und zitternd Philemons Haus. Archippus befahl einem älteren Sklaven kurz und barsch, den Jungen in Ketten zu legen. Ohne ein weiteres Wort oder auch nur einen Blick an ihn zu verschwenden, machte er sich dann auf, seinen Vater zu suchen. Der Goldschmied konnte offenbar nicht mehr aus dem Sattel steigen und wurde nur mit Mühe davon abgehalten, auf seinem Maulesel bis in Philemons Gemächer vorzudringen.

Alle standen wartend da. Außer dem Geschwätz des alten Mannes war kaum ein Laut zu hören. Nur die Tauben gurrten in ihren Nistkästen an der Hauswand; ein kleines Sklavenmädchen, das einen Auftrag auszuführen hatte, ging vorüber und warf Onesimus einen mitleidigen Blick zu. Ihre schlanke, kleine Gestalt und die dunklen Flechten erinnerten ihn an jemand anderes,und Tränen stiegen ihm in die Augen. Oh, wenn sie ihn so sehen würde, mit dem Brandmal auf der Stirn! Aber vor Archippus durfte er nicht weinen, das ertrug sein Stolz nicht. Mühsam hob er seine gefesselten Hände empor und wischte sich die Tränen fort.

Dann erschien ein Sklave an der Tür zum äußeren Hof und gewährte den Draußenstehenden Einlaß. Als er sah, daß der Maulesel auch mit hinein wollte, half er dem erschöpften alten Mann beim Absteigen und führte ihn vor Philemon.

Philemon saß im Türeingang zu seinen Gemächern. Hinter ihm, im Schatten, war seine Frau Apphia mit einer Stickerei beschäftigt, jener goldenen phrygischen Stickerei, die im ganzen Römischen Reich berühmt war.

Ihre fünfjährige Tochter Pascasia spielte zu ihren Füßen. Archippus stand abwartend da, halb verborgen hinter einer Säule. Onesimus nahm all dies wahr wie in einem Traum. Sogar das Geschwätz des Goldschmieds kam ihm fern und unwirklich vor. Er hörte kaum, was er sagte und beachtete nicht die Augen, die auf ihn gerichtet waren. Gefesselt stand er da, jung und bemitleidenswert. Nur sein Herz schrie immerfort: „Kein Brandmal, kein Brandmal!" Aber wen er eigentlich um Hilfe anrief, und ob da überhaupt jemand war, der ihn hörte, das wußte er nicht.

„So siehst du also nun, mein edler Herr, daß er gebrandmarkt werden muß", schloß der alte Mann seine Rede und fiel dann plötzlich zu Philemons Füßen nieder – ob aus Ehrerbietung oder Erschöpfung wußte niemand zu sagen. „Laßt uns die Eisen erhitzen, damit ich der Bestrafung beiwohnen und dann wieder zu meinem bescheidenen Heim zurückkehren kann. Ich bin ein armer Mann, Herr. Wenn du mir ein kleines Zeichen deiner Gunst gewähren möchtest . . . "

Philemon blickte voller Abscheu auf die hingestreckte Gestalt des Goldschmiedes zu seinen Füßen. Dann wandte er sich dem bleichen, gefesselten Jungen zu und betrachtete ihn nachdenklich. Onesimus war mit seinem Sohn zusammen aufgewachsen und war als Kleinkind um seinen Fußschemel herumgekrabbelt. Er wunderte sich selbst, daß er immer noch zögerte, das Urteil über diesen Sklaven zu fällen. Doch die Ordnung mußte ja aufrechterhalten werden, und das Brandmal war die übliche Strafe für Diebe.

„Nun gut", sagte er mit müder Stimme, „er soll gebrandmarkt werden. Janus, geh und erhitze die Eisen und bring den Jungen irgendwohin, wo meine Frau sein Geschrei nicht hören kann."

Aller Augen richteten sich auf den Jungen. Auf einmal erwachte er aus seinem Traum und blickte seinem Herrn gerade ins Gesicht.

„Aber, Herr", schrie er verzweifelt, „ich habe den Goldschmuck doch gar nicht genommen!"

„Unsinn!" rief der Goldschmied und wand sich plötzlich empor wie eine Raupe. „Nichts als Unsinn! Lauter Lügen!"

Philemon beachtete ihn nicht. Mit festem Blick schaute er den Jungen an.

„Wie ist er dann dorthin gelangt, der Schmuck?" fragte er langsam und traurig.

Ja, wie war er nur dorthin gelangt? Wie betäubt vor Schreck und Furcht, hatte sich Onesimus diese Frage noch gar nicht gestellt. Er hatte an nichts anderes gedacht als nur an das Brandmal. Aber die Frage mußte ja beantwortet werden. Mit offenem Munde starrte er Philemon an. Dann drehte er sich plötzlich um und blickte Archippus an.

Die Augen der beiden trafen sich nur für einen Augenblick. Der ältere Junge wurde glühend rot und wandte sich hastig ab. Es entstand ein langes Schweigen, das nur von dem Geplapper des alten Mannes unterbrochen wurde. Philemon blickte zuerst seinen Sohn an und dann seinen Sklaven. Das Blut brauste in Onesimus' Kopf, daß er glaubte, er würde bersten.

„Gold kann doch nicht so einfach verschwinden, ohne daß Hände daran beteiligt gewesen sind", sagte Philemon schließlich. „Du kanntest die Strafe, die auf Diebstahl steht. Bring ihn weg, Janus, und mach's schnell!"

Plötzlich trat Archippus vor. Er sah nicht zu Onesimus hin, sondern stand vor seinem Vater mit bittend gefalteten Händen.

„Vater, Vater", rief er, „bitte kein Brandmal! Er ist doch noch so jung. Vater, vergib ihm! Laß ihn mit Ruten züchtigen – aber nicht brandmarken!"

Sein Vater zögerte. Archippus, der den alten Mann mit dem Fuß beiseite stieß, fiel vor Philemon auf die Knie. „Oh Vater, hab Erbarmen ..."

Da ließ sich neben Philemon eine sanfte Stimme vernehmen. Er wandte sich um. Seine schöne Frau Apphia hatte ihre Hand auf seinen Arm gelegt und sprach ihn schüchtern an. Es stand ihr ja eigentlich nicht zu, sich hier einzumischen.

„Mein Gatte, er ist doch der Sklave, der deine Gäste bedient. Willst du ihn denn für immer verunstaltet haben? Wie unser Sohn schon gesagt hat, ist er ja noch so jung. Laß ihn mit Ruten züchtigen! Das wird ihm eine Lehre sein. Kommt es noch einmal vor, so wird er gebrandmarkt."

Philemon lächelte sie an. Er konnte ihr niemals eine Bitte abschlagen. Ihre leisen Wünsche waren die Gesetze dieses Hauses. Er wandte sich wieder Onesimus zu und redete ihn in ernstem Ton an.

„Du hast Glück! Danke den Göttern, daß du eine so barmherzige Herrin hast, und nimm dich in Zukunft in acht! Janus wird dir deine Strafe zukommen lassen. Und nun zieh heim, Plautus! Kein Wort mehr! Hier hast du ein Goldstück, das soll dich für all die Mühe entschädigen, die dir mein Sklave verursacht hat."

Zwanzig Minuten später schleppte sich Onesimus wund und zerschlagen zu seiner Hütte. Seine Mutter stellte ihm keine Fragen. Sie war ihr Leben lang Sklavin gewesen. So war nun einmal das übliche Los eines Sklaven. Doch sie zog seine Schlafmatte stillschweigend zum Eingang, denn die Hütte war warm und stickig, und ihr Sohn würde in der Nacht anfangen zu fiebern. Dann wusch sie ihm seine Wunden aus, salbte sie mit Öl und brachte ihm frisches, kühles Wasser von der Quelle. Er lag ganz still da, bis die Dämmerung herabsank. Das Gesicht hatte er in den Armen vergraben. Er war zu steif und wund, um sich bewegen zu können. Nur sein Gehirn arbeitete fieberhaft.

Ja, wie war der Goldschmuck dorthin gelangt? Er hatte inzwischen gründlich darüber nachgedacht und wußte es nun. Oh, wann würde er endlich frei sein, um sich rächen zu können? Die Kraft seines Hasses und die Machtlosigkeit seines Hasses machten ihn beinahe wahnsinnig. Er war nur ein Sklave, und er konnte nichts weiter tun, als hier liegen und hassen, immerfort hassen.

Mühsam wandte er den Kopf und rief: „Mutter, wieviel Geld ist jetzt in der Sparbüchse drin, die wir unter dem Herdstein versteckt haben?"

„Nur dein Goldstück und ein paar Kupfer- und Messingmünzen", antwortete seine Mutter sanft; „aber die Summe wird schon noch zusamenkommen. Habe Geduld, mein Sohn! Mache es nicht wie dein Vater, und raube dir die Lebenskraft nicht in der Auflehnung gegen dein Geschick! Die Götter wissen, was das Beste für uns ist."

Leise Schritte waren draußen auf dem Lehmpfad zu hören. Archippus kam mit einem Becher in der Hand um die Ecke der Hütte. Dieser Becher enthielt eine Mischung von verdünntem Wein, Myrrhe und Öl. Als er zu sprechen anhub, war seine Stimme unsicher und bittend.

„Ich habe dir hier etwas für deine Wunden gebracht", sagte er. „Und – und – ich bin froh – daß du nicht gebrandmarkt worden bist."

Onesimus ergriff den Becher, schleuderte ihn mit aller Kraft, die er nur aufzubringen vermochte, auf den

Boden und spuckte aus. Archippus entfloh, und Onesimus fühlte sich besser. Seinen Rachegefühlen Luft zu machen war für ihn die beste Medizin. Morgen würde Archippus nach Laodizea reisen. Dann war er ihm den ganzen Tag aus den Augen. Und später ... nun, es war wohl am besten, immer einen Tag nach dem andern auf sich zukommen zu lassen.

Er war froh, daß er zu steif und zerschlagen sein würde, um seinen Herrn nach Laodizea zu begleiten. Er wollte nicht, daß Eirene ihn Sklavendienste verrichten sah, auch nicht, daß er vor ihren Augen von Archippus herumkommandiert wurde. Sie sollte die Erinnerung an jenen Tag im Gedächtnis behalten, als sie beide freie Kinder waren, als sie ihre Beine über dem tiefen Teich in der Bergschlucht baumeln ließen und zusammen lachten. Der Gedanke an Eirene milderte sein Elend ein wenig. Er fiel in einen unruhigen Schlaf und träumte, daß sie beide wieder in der Bergschlucht wären, doch diesmal lief sie voraus und winkte ihm, ihr zu folgen. Der Wasserfall rauschte, und das Gras zwischen den Felsen breitete sich unter ihren Füßen aus wie ein weicher Teppich, und in ihren Fußspuren schienen Frühlingsblumen aufzublühen. Er wußte, daß sie leichtfüßig und ohne zu ermüden immer höher hinaufstieg, bis zu den verborgenen Seen und den Schneegipfeln, zu Freiheit, Schönheit und Leben, und er war frei und durfte ihr folgen.

Dann erwachte er und fühlte nichts als Schmerzen und Fieber und Dunkelheit rings um sich her, und er rief nach seiner Mutter.

Am nächsten Tag schleppte er sich hinaus an den Berghang. Er saß still da, bis die Sonne hoch am Himmel stand und seine steifen Glieder wärmte. Er beobachtete die Reisegesellschaft, die nach Laodizea aufbrach und bald hinter dem ersten Hügel im Tal verschwunden war. Archippus und Philemon ritten schöne Stuten und trugen farbige Mäntel, die in Laodizea hergestellt worden waren. Ein kleines Gefolge von Sklaven auf weniger prächtigen Reittieren schloß sich ihnen an. In Gedanken begleitete Onesimus die Gesellschaft auf ihrer Reise. Sie würde zu der tiefer gelegenen Ebene gelangen, die vor dem Schnee und vor den rauhen Winden geschützt war, welche über die Hochebene brausten. Dort unten würde jetzt schon üppiges grünes Gras emporsprießen. Auf steinigen Pfaden würde sie ins Tal hinunterreiten, durch kahle Weinberge und silbergraue Olivenhaine, bis die Reisegesellschaft schließlich unten auf die ostwärts führende Handelsstraße stoßen würde.

Die Handelsstraße! Das Wort allein erregte ihn schon. Dort unten in Laodizea liefen vier große Überlandstraßen zusammen. Die Welt lag offen da vor dem Reisenden, er konnte sich wenden, wohin er nur wollte. In seiner Phantasie reiste Onesimus oft auf diesen Straßen: nach Nordwesten bis nach Philadelphia und Sardes, einer prächtigen, wohlhabenden Stadt mit einem goldhaltigen Fluß, der mitten durch den Marktplatz floß; nach Nordosten bis zu den phrygischen Ebenen und den taurischen Bergen und bis hin zu jenen Ländern, wo es Gewürze und Elfenbein gab; nach Süden bis nach Perge, wo sich die Berge zur Küste niedersenkten; nach Westen bis zu dem großen Hafen Ephesus, bis zum Ägäischen Meer, den Inseln, dem Land seines Vaters, den Bergen, auf denen die Götter thronten. Im warmen, heilenden Frühlingssonnenschein döste er bis in den Nachmittag hinein vor sich hin. Dann fuhr er plötzlich aus seinen glücklichen Träumen auf, denn ein Mann klomm den Weg am Hügel empor, der zum Anwesen seines Herrn führte.

Dieser Mann war noch nicht alt, schien aber ermüdet und stützte sich auf seinen Wanderstab. Er sah nicht besonders vornehm aus, und doch zog er die Aufmerksamkeit des Jungen auf sich. Vielleicht lag das an der ruhigen Kraft, die sein Gesicht ausstrahlte oder an der Klarheit seiner Augen. Er war einfach gekleidet, und als er sich dem Jungen genähert hatte, sprach er ihn in dem phrygischen Dialekt dieser Gegend an.

„Gnade und Friede sei mit dir, mein Sohn! Ist dies das Landgut des Philemon, und ist er selbst zu Hause?"

„Ja, dies ist sein Haus", erwiderte Onesimus, „doch er selber ist nicht daheim. Er ist geschäftehalber nach Laodizea geritten und wird vor Sonnenuntergang nicht zurück sein."

„Dann sag ihm, daß sein alter Freund Epaphras bei ihm vorgesprochen hat", sagte der Mann. „Er wird sich an mich erinnern, denn wir sind zusammen aufgewachsen. Sag ihm, daß ich wieder in meinem alten Heim wohne und meinen Besuch wiederholen werde."

„Ja, Herr", erwiderte Onesimus und erwartete, daß der Fremde sich zum Rückweg anschicken würde, aber der Mann rührte sich nicht vom Fleck. Er ließ seine Augen über das rauhe Tal schweifen, das allmählich grün zu werden begann. Er nahm das Bild der Landschaft in sich auf: das gewundene Flußtal, den stolzen kleinen Hügel, auf dem Laodizea stand und die Bergfestung Hierapolis mit ihrem schimmernden Kreidefelsen.

„Es ist ein schönes Land", sagte er plötzlich. „Ich möchte hier gern eine Weile sitzen und mich ausruhen, denn ich bin schon seit dem frühen Morgen auf den Beinen. Wenn du mir einen Becher kalten Wassers bringen könntest, wäre ich dir sehr dankbar."

Onesimus erhob sich mühsam und humpelte zu

seiner Hütte. Seine Mutter war oben im Herrenhaus und half der Herrin Apphia. Onesimus holte frisches Wasser und richtete sorgfältig und ein wenig furchtsam eine Platte mit Oliven, Datteln und getrockneten Feigen her. Hatten Zeus und Hermes nicht einmal den alten Philemon und seine Frau Baukis in Lystra besucht? Und hatten die Götter sie nicht reich belohnt für ihre Gastfreundschaft? Wer weiß, ob solche Dinge nicht auch jetzt noch geschehen konnten! Dieser Mann sah anders aus als alle andern mit seinem leuchtenden Angesicht.

„Du hast Schmerzen, mein Sohn", sagte der Mann freundlich, als Onesimus zurückkehrte und ehrerbietig neben ihm stehen blieb. „Setz dich zu mir ins Gras und erzähl mir, was geschehen ist!"

Onesimus streckte sich bequem aus und blickte finster vor sich hin.

„Ich bin ein Sklave, Herr", sagte er. „Gestern wurde ich mit Ruten gezüchtigt für ein Vergehen, das ich gar nicht begangen habe."

„Das ist hart", sagte Epaphras. „Doch Derartiges hat sich schon früher ereignet. So war es auch mit Jesus Christus. Sie kreuzigten ihn wegen Verbrechen, die er nie begangen hatte. Er aber bat um Vergebung für die, die ihn quälten."

Onesimus fuhr zornig auf. Schon wieder dieser Jesus Christus! Mußte ihn dieser Name denn immer verfolgen? Dieser gekreuzigte, besiegte Weichling! Doch er bezwang seinen Ärger und antwortete höflich:

„Nun, Herr, was hatte er davon, daß sie ihn kreuzigten? Es wäre doch besser gewesen, wenn er Widerstand geleistet hätte. Sie haben ihn zuletzt ja doch besiegt."

„Und jetzt, wo er zur rechten Hand Gottes erhöht ist, besiegt er Tausende durch seine Liebe. Liebe ist stärker als der Tod und stärker als Haß. Sie besiegt zuletzt alles.

Sie hat auch mich besiegt."

„Aber ich möchte gar nicht besiegt werden", beharrte der Junge. „Mein Leben lang bin ich ein Sklave gewesen, doch eines Tages werde ich mir die Freiheit erkaufen. Ich möchte frei sein, um dorthin gehen zu können, wohin ich möchte und um das zu tun, was mir gefällt und um das Unrecht in der Welt zu rächen. Ich hasse diese Knechtschaft, und ich hasse diejenigen, die mich ohne Ursache anklagen und mich ohne Grund bestrafen."

„Jesus Christus kann dich heute schon freimachen", erwiderte der Mann, und in seiner Stimme schwang es wie Triumph. „Er kann dich von deiner Unzufriedenheit und von deinem Haß befreien. Macht er dich denn glücklich, dein Haß?"

Der Junge wollte antworten, zögerte dann aber. Er mußte plötzlich daran denken, wie er heute nacht seinen Haß in sein Kissen hineingeschluchzt hatte und die Dunkelheit verfluchte. Fast hatte er gefürchtet, es würde niemals wieder Tag werden. Er erinnerte sich auch an den stillen Frieden in den Augen seiner Mutter, als sie aufgestanden war, um seine Wunden zu kühlen und ihm zu trinken zu geben. Trübsinnig starrte er vor sich hin, bis seine Augen an der stolzen Stadt jenseits des Tales haften blieben. Wieder mußte er an jenen Nachmittag denken, als eine kleine Ausreißerin aus Laodizea sein Herz erobert hatte. Zum erstenmal dämmerte es ihm, daß es noch andere Wege zum Sieg gab als Haß und Streit. Die Antwort erstarb ihm auf den Lippen.

5

„Wenn diese neue Lehre feste Hoffnung, Freude und ewiges Leben verspricht, dann laß uns sie nicht leichtfertig beiseite schieben", sprach Apphia, ihre Hand auf dem Knie ihres Gatten und ihr Gesicht zu ihm emporgehoben.

Am Morgen hatte Epaphras seinen alten Jugendfreund besucht. Sie hatten sich gefreut, einander zu sehen, und Philemon hatte ein üppiges Mittagsmahl auftragen lassen. Aber das Essen war kalt geworden und fast unberührt auf den Platten liegengeblieben, als Epaphras den wahren Zweck seines Besuches enthüllte. Bis in den Nachmittag hinein hatten er und Philemon sich eifrig unterhalten. Archippus hatte still und mürrisch zugehört. Die Arme um seine Knie geschlungen, hatte er dagesessen. Im Schatten ihres Gemaches hatte auch Apphia unbemerkt dem Gespräch der Männer gelauscht.

Nun war der Gast wieder fort, und das beinahe unberührte Mahl war abgetragen worden. Archippus ging seinen Pflichten nach. Philemon und Apphia blieben allein zurück. In dieser stillen Abendstunde hatte sie sich auf einen niedrigen Schemel zu den Füßen ihres Gatten niedergesetzt.

„Wie habe ich mich immer vor dem Tode gefürchtet!" rief Apphia aus. „Im Winter, wenn die göttliche Mutter Kybele ihre Tochter beklagt, die zur Unterwelt zurückgekehrt ist, wenn der Wind in den Felsen seufzt und die Schakale in ihren Höhlen heulen, wenn die Nächte so lang und so dunkel sind, dann habe ich oft gedacht: Wird der Tod wohl einmal so ähnlich sein, daß man hinaustreten muß in das Winterdunkel der Unterwelt, wo die Dämonen heulen? – Unsere Toten gehen ein zu den Toren unserer phrygischen Gräber; doch wer außer diesem Christus ist jemals zurückgekommen aus ihrem Reich und hat uns erzählt, wie es ihnen ergeht?"

„Aber, meine Liebe!" murmelte Philemon, gegen seinen Willen im Innersten bewegt, „denk doch nur, ein gekreuzigter Jude, ein galiläischer Bauer, von den Römern hingerichtet! Das ist doch unvorstellbar!"

Die kleine Pascasia lief im Zimmer umher, und der Vater hob sie auf seine Knie.

„Aber er hat den Tod besiegt", beharrte Apphia, „und er ließ sich aus eigenem, freiem Willen kreuzigen. Niemand hat ihn besiegt. Hast du vergessen, was Epaphras sagte? Sein Tod war eine Tat der Liebe und ein Sühnopfer. Hat einer unserer Götter jemals so geliebt? Artemis, die Jägerin, sinnt auf Vernichtung des Lebens; Zeus in seinem Paradies schleudert Blitze gegen uns Menschen. Wir fürchten uns, wir fürchten die Dämonen, die in den Felsen umgehen, und die Götter, die sich nicht um uns kümmern. Kommt einer von ihnen jemals zu uns und spricht: ‚Fürchte dich nicht!' oder: ‚Ich bin der Weg?'"

Philemon war beunruhigt. „Still, Apphia!" sagte er. „Fürchtest du denn nicht die Rache der Götter, daß du es wagst, so zu reden?"

„Falls es da oben in den Wolken überhaupt Götter gibt!" erwiderte Apphia kühn. „Er sprach von einem einzigen Gott, der zu uns herniederkam, der Erbarmen mit uns hatte und für uns litt. Mein Herz sagt mir, dies ist der wahre Gott. Heute abend will ich zu ihm beten. Oh, mein Gatte, ich bitte dich sehr, bete mit mir, wie Herr Epaphras es uns gelehrt hat!"

Philemon saß eine Zeitlang schweigend da. Auf leisen Sohlen trat ein Sklave ein, um die Lampen anzuzünden. Mit einem Wink schickte sein Herr ihn wieder fort. Es wurde dunkel in dem Raum, und über den Weinspalieren funkelten die Sterne. Dann stieg der Mond hinter den Bergen auf und überflutete den kleinen Innenhof mit seinem Silberlicht.

„Weißt du, wir würden dadurch unsere Handelsbeziehungen und unsere Handelsverträge verlieren", sagte Philemon schließlich. „Viele sind schon gesteinigt, getötet und gekreuzigt worden, weil sie diesem Jesus nachgefolgt sind. Jener Paulus, von dem Epaphras gesprochen hat, wurde in Galatien einige Male fast gelyncht, und in Mazedonien wurde er geschlagen und eingekerkert. Hast du die Kosten überschlagen, Apphia?"

„Herrlichkeit und ewiges Leben", erwiderte sie sofort. „Was andere erduldet haben, werden auch wir ertragen können. Paulus verkündigt die Frohe Botschaft in Ephesus, und man sagt, sie breite sich rasend schnell aus, wie eine Feuersbrunst im Sommer. Es gibt schon Gläubige in Hierapolis, in Laodizea, in Smyrna und in Philadelphia. Auch in Sardes werden einige Namen erwähnt. Das Feuer der Liebe dieses Jesus breitet sich aus, mein Gatte, und mir scheint, es wird eines Tages die ganze Welt ergreifen."

„Nun hör mal zu, Apphia", sagte Philemon, hin und her gerissen zwischen Liebe, Zweifel und Furcht. „Folgendermaßen werde ich es machen. Gestern hat Polemon mich gedrängt, seine Freunde in der Hafenstadt Ephesus zu besuchen und mit der Gilde der Wollhändler zu verhandeln. Sie führen Wolle aus, und Polemon hat mich ihnen als ehrbaren Kaufmann empfohlen. Ich hatte mir schon vorgenommen, zur Zeit des Artemis-Festes dorthin zu reisen und Archippus mitzunehmen. Ich kann dann meinen Geschäften nachgehen, und ihm würden die Spiele und die Umzüge Freude machen. Onesimus kann ihn begleiten, dann bin ich frei. Ich werde diesen Paulus selber aufsuchen und mir mit eigenen Ohren anhören, was er zu sagen hat. Lange werde ich nicht fortbleiben, denn es kommt ja bald die Zeit der Schafschur. Die älteren Sklaven sind sehr zuverlässig, und du wirst mir Haus und Besitz während meiner Abwesenheit wohl behüten, liebe Apphia."

Da küßte Apphia ihren Gatten und brachte Pascasia zu Bett. Philemon saß noch eine Weile in Gedanken versunken da. Archippus dagegen warf sich auf seiner Matratze ruhelos herum. Das Verbrechen, das er begangen hatte, lastete schwer auf seinem Gewissen. Heute hatte Herr Epaphras soviel von Sünde und vom Gericht gesprochen. Auch von Reue und Vergebung hatte er geredet; aber bereuen hieße bekennen, und das war eine zu schwere Bedingung für den stolzen jungen Archippus. So schlief er ein, wachte auf und warf sich unruhig herum, schlief wieder ein, wachte wieder auf und haßte die Finsternis rings umher, bis endlich der Tag anbrach. Nun würde sich die Morgendämmerung bald durch sein kleines Fenster hereinstehlen, und der neue Tag würde ihm hoffentlich das ersehnte Vergessen bringen. Er würde Onesimus von der bevorstehenden Reise zum Artemis-Fest erzählen, und in seiner Vorfreude würde hoffentlich auch Onesimus das Geschehene vergessen.

Das Artemis-Fest fand im Monat Mai statt, und jetzt war es schon April. Da gab es noch eine Menge Vorbereitungen zu treffen. Onesimus, der so stark war wie ein junger Ochse, erholte sich schon bald von den Schlägen und war voll heimlicher, freudiger Erwartung. Vor Archippus jedoch zeigte er sich kalt, förmlich und gänzlich unberührt.

Endlich dämmerte der große Tag herauf, und die Reisegesellschaft machte sich im Morgengrauen auf den Weg. Am Tor wartete ein leichter zweirädriger Wagen, der von einem Pferd gezogen und von einem älteren Sklaven gelenkt wurde. Archippus hatte eine schöne Stute bestiegen. Er sollte neben seinem Vater reiten. Onesimus und ein weiterer Sklave ritten auf schnellen Mauleseln mit dem Gepäck hinterher.

Als alle schon auf den Aufbruch warteten, war Philemon schließlich in Begleitung seiner Frau und mit seinem Töchterchen auf dem Arm erschienen. Sanft löste er sich von seiner Gattin, welcher der Abschied schwerzufallen schien, küßte ihr die Hand und murmelte: „Friede sei mit dir, Liebste. Nein, ich will es nicht vergessen, und ich werde dir alles erzählen."

Dann übergab er ihr das Kind und stieg in den Wagen. Der Sklave ließ dem ungeduldigen Tier die Zügel schießen, und sie fuhren in flottem Tempo ab.

Oh, diese späten Apriltage auf den Hochebenen! Da zeigt sich der Frühling in seiner schönsten Pracht. Goldwurz und Schwertlilien waren an den Ufern der rauschenden Flüsse aufgeblüht. Wohlgenährte Lämmer stolzierten in den Wiesen voller Dotterblumen und rosa Malven einher. Das Blöken frisch geschorener Schafe erfüllte die warme Luft. Als sie sich dem Tal näherten, bemerkte Onesimus an den aschgrauen Zweigen der Feigenbäume zarte, junge Blätter, die kleinen Kaninchenohren glichen. Die Erde war gut und schön an diesem Morgen. Onesimus wollte keine anderen Götter

MAZEDONIEN
PHILIPPI
NEAPOLIS
THESSALONICH
BITHYNIEN
MYSIEN
GALATIEN
TROAS
PERGAMUS
THYATIRA
LYDIEN
SMYRNA
SARDES
PHILADELPHIA
ASIEN
EPHESUS
HIERAPOLIS
LAODIZEA
KOLOSSÄ
ANTIOCHIEN
IKONION
LYSTRA
DERBE
ZILIZISCHE PFORTE
TARSUS
PISIDIEN
PERGE
TAURUS-GEBIRGE
ZILIZIEN
PAMPHYLIEN
LYZIEN
MILET
PARNASS
ATHEN
KORINTH

und Göttinnen haben als Kybele, die Mutter der Natur, die den Frühling über das wartende Land ausbreitete, und als den Sonnengott, der mit seinem Sonnenwagen über den Himmel fuhr und ihn wärmte und erheiterte, und als Aphrodite, die Göttin der Schönheit, die in Goldwurz und im jungen Grün des Weizens, in den weißen Wolken und den schimmernden Bergen hinter Hierapolis zu seinem Herzen sprach. Ja, heute war die Erde gut und schön, und er hatte vergessen, daß er nur ein Sklave war.

Der holprige Pfad durch die Olivenhaine verbreiterte sich allmählich. Nun klapperten die Hufe der Tiere schon auf der Handelsstraße. Onesimus' Herz schlug rascher, als sie sich der Menge von Fahrzeugen und Pilgern eingliederten, die alle zum Artemis-Fest nach Ephesus reisten. Von allen Teilen Kleinasiens kamen sie herbeigeströmt: aus Pamphylien, Phrygien, Galatien, Bithynien und vielleicht aus noch entfernteren Gegenden, denn die ostwärts verlaufende Handelsstraße führte bis zum großen Euphratstrom.

Jetzt hatten die Reisenden die Stelle erreicht, wo zwei Flüsse sich vereinigten. Die Schlucht des Lycus hatte sich verbreitert zum fruchtbaren Flußtal des Mäander. Und nun trabten sie fröhlich an den Stadtmauern von Laodizea entlang. Die Stadt erhob sich auf einem kleinen Hügel etwa 50 Meter über dem Tal. Ihre Befestigungswerke wirkten beeindruckend. Das Syrische Tor stand offen, und Reisende strömten heraus, um sich den Pilgern anzuschließen.

„Eines Tages werde ich als freier Mann durch dieses Tor treten", sprach Onesimus zu sich selbst und träumte von Schönheit und Freiheit. Ob Eirene an diesem Frühlingsmorgen wohl draußen auf den Wiesen war und Schwertlilien und Goldwurz pflückte? Eines Tages würden sie zusammen Blumen pflücken. Heute erschien ihm alles möglich, denn er war jung, stark und glücklich, und es war Frühlingszeit.

Von Laodizea nach Ephesus waren es noch an die 150 Kilometer. Man kam nicht schnell voran. Je weiter sie nach Westen gelangten, desto größer wurde das Gedränge von Wagen, Sänften, Ochsenkarren, Mauleseln und Pferden. Am zweiten Reisetag kam ein Eilkurier aus Rom mit schnellen Pferden die Straße entlanggedonnert. Der Lenker blies in sein Horn, um jedermann zu warnen, ihm Platz zu machen. Tiere scheuten, Fußgänger schrien auf, und ein leichter Wagen wurde umgeworfen, als das Pferd an den Straßenrand auswich. Onesimus achtete nicht weiter auf die verletzten Insassen. Er starrte dem davoneilenden Wagen nach. Diese Männer kamen geradewegs von Rom, vom Angesicht Neros, des neuen ruhmreichen, gottähnlichen Kaisers. Eines Tages würde auch er, Onesimus, Rom sehen.

Die an der Handelsstraße gelegenen Wirtshäuser waren überfüllt. Philemon und Archippus beschwerten sich offen über die schmutzigen, überbelegten Unterkünfte und über die fluchenden, streitenden Scharen von Reisenden, die sie durch ihr Lärmen die ganze Nacht wach hielten. Onesimus und den andern Sklaven erging es besser. Zusammen mit den Tieren schliefen sie im Freien. In diesem Tal waren die Frühlingsnächte warm und mild. Onesimus genoß jeden Augenblick dieser Reise, ja, er genoß sogar das Gedränge und Gestoße. Zur Mittagszeit, wenn sie das Essen bereitet hatten und sein Herr ruhte, pflegten er und Archippus durch die Binsen am Ufer zu waten und im Fluß zu baden.

Bei Antiochien am Mäander überquerten sie den Fluß auf einer schönen, sechsbogigen Brücke. Sie wählten den nördlichen Weg nach Ephesus, der hier abzweigte. Nun waren sie nicht mehr weit von der Küste entfernt. Das Tal verbreiterte sich plötzlich zu einer fruchtbaren Ebene. Die Felsen, Zedern und Zypressen machten Weizen- und Bohnenfeldern sowie Obstgärten mit Feigenbäumen Platz. Es war eine warme Gegend, und die Luft war von Wohlgerüchen erfüllt. An diesem Abend suchten die ermüdeten Pilger zeitig ihre Herberge auf, denn tags darauf, am Morgen ihres vierten Reisetages, würden sie Ephesus erreichen.

Schon lange vor Tagesanbruch, und noch ehe die andern Sklaven ihre Augen öffneten, war Onesimus aufgestanden, hatte die Pferde versorgt und gesattelt und den Wagen gesäubert. Er war sehr aufgeregt. Heute würde er die Stadt seiner Träume sehen. Nach der Ankunft würde sein Herr sich ausruhen, und noch am gleichen Abend würden sie den Tempel der Göttin Artemis besuchen, jener Göttin, welche die Römer Diana nannten, der herrlichen Mutter des Lebens und der Fruchtbarkeit. Heute abend würde er sie sehen, von der die Männer mit angehaltenem Atem sprachen. Was versprach er sich eigentlich von ihrem Anblick? Er wußte es nicht genau. Doch bestimmt würde er heute abend die Schönheit in ihrer Vollendung sehen, die Quelle, aus der alles Leben und alle Schönheit strömten, die er je bis zu diesem Augenblick gekannt hatte, und alle Schönheit, die er gerade jetzt empfand: die Blumen zu seinen Füßen, die aufgehende Sonne über den Bergen im Osten, der Duft des Frühlings und das Antlitz eines Kindes. Heute abend würde er alles wissen und alles verstehen.

6

Niemals würde Onesimus jenen Augenblick vergessen, als er Ephesus, die größte Stadt Kleinasiens, zum erstenmal sah. Die Reisegesellschaft war gerade um eine Wegkrümmung gebogen, und da lag die Stadt ausgebreitet vor ihnen. Ihre Marmorsäulen und Tempel schimmerten in der Morgensonne, das Wasser im Hafenbecken glitzerte, und das offene Meer hinter dem Kanal leuchtete tiefblau. Die Anhöhen des Berges Koressus senkten sich langsam herab zum Ägäischen Meer, und so lag die Stadt wie eingebettet in einem schützenden, grünen Arm. Auch weitgereiste Pilger blieben an dieser Stelle stehen und verhielten den Atem. Ja, hier hatte die Schönheit selber Gestalt angenommen, dies war die angemessene Heimstätte für die schöne Göttin, deren Tempel deutlich auf einem niedrig gelegenen Platz nördlich der Stadt zu erkennen war. Dieser Tempel – eines der Sieben Weltwunder – war gegenüber vom Hafen errichtet worden, so daß jeder erschöpfte Seemann, dessen Schiff in den Kanal einfuhr, seine Augen aufheben und ihn von weitem erblicken konnte, damit er gesegnet und gestärkt würde durch die Kraft dieser Göttin.

Onesimus stand wie angewurzelt da, bis der ältere Sklave ihn mit seiner Reitgerte in die Rippen stieß. Philemon und Archippus drängten vorwärts und erwarteten, daß ihre Sklaven ihnen auf den Fersen folgten. Es war gar nicht so einfach, in dieser erregten, schwitzenden

Volksmenge beisammen zu bleiben. Der Junge hatte noch nie in seinem Leben so viele Menschen beieinander gesehen. Das sprach er auch aus.

Sein Mitsklave lachte. „Es sind noch fünf Tage bis zum Artemis-Fest", sagte er. „Dann wird es noch viel schlimmer sein. Danke den Göttern, daß du schon so früh kommen konntest!"

Polemon hatte seinem Geschäftsfreund eine bequeme Unterkunft bereithalten lassen und eigens einen Sklaven hingeschickt, um sie für die Gäste vorzubereiten. Es war eine große Erleichterung für die Reisenden, die glühenden Straßen verlassen zu dürfen. Sie traten in eine kühle, schattige Säulenhalle. Ein Bad und eine Mahlzeit, Betten und auch Ställe für die Pferde warteten schon auf die Ankömmlinge. Onesimus sollte für die müden Tiere sorgen. Nachdem er seinen Auftrag ausgeführt hatte, verweilte er am Eingangstor und betrachtete von dort den prächtigen Tempel und das riesige Theater auf dem Hügel, der die Stadt beherrschte. In diesem Theater gab es 24000 Plätze. Bestimmt würde er in Archippus' Begleitung dorthin gehen und die Ionischen Spiele anschauen. Nur zu gern wäre er der Hafenstraße gefolgt, um einen Blick auf den Marktplatz, die Agora, zu werfen, den sie durchquerte. Doch eine zornige Stimme rief ihn zurück.

„Was tust du bloß, du Nichtsnutz! In dieser Zeit hättest du ja eine ganze Legion Pferde im Stall unterbringen können! Unsere Herren haben gebadet und sich umgekleidet und sitzen jetzt beim Essen. Los, hinein, du sollst sie bedienen!"

Philemon und Archippus waren hungrig und sehr müde. In den drei vergangenen Nächten hatten sie schlecht geschlafen, und die Hitze in dieser windgeschützten und nur wenige Meter über dem Meeresspiegel liegenden Stadt war erstickend. Sie aßen reichlich und sprachen wenig. Als sie ihr Mahl beendet hatten, deutete Philemon auf die Reste.

„Mein Sohn und ich werden uns zurückziehen und ausruhen", sprach er zu den Sklaven. „Eßt von den Resten und bereitet uns dann ein zweites Bad. Bringt unsere Reisekleider in Ordnung und richtet uns rechtzeitig das Abendessen. Wenn wir geschlafen haben und es ein wenig kühler geworden ist, werden wir zu Fuß den Tempel aufsuchen, und ihr sollt uns begleiten. Man sagt, der Tempel sei eine Freistätte für Mörder und Diebe, also gebt gut auf uns acht! Nach unserer Rückkehr wollen wir dann essen."

Der ältere Sklave, der Hermes hieß, ging fort und machte Einkäufe für das Abendessen. Onesimus aß schnell ein paar Bissen und machte sich dann an die Arbeit. Es gab viel zu tun, und er hatte vorhin Anstoß erregt, weil er so lange in den Ställen herumgetrödelt hatte. Auch er war erschöpft von dem frühen Aufbruch, der Aufregung und der Hitze und konnte die Augen kaum noch offenhalten. Er warf einen neidischen Blick auf Archippus, der in seinem prächtigen Zimmer schnarchte, und wieder loderte Haß in seinem Herzen auf. Eines Tages würde er diesem Jungen etwas antun und sein Leben zugrunde richten. Aber der Zeitpunkt dafür war noch nicht gekommen. Geduld – Geduld! Heute abend würde er die schöne Göttin sehen und sie um Segen und Erfolg bitten.

Am Spätnachmittag erwachten Vater und Sohn, nahmen ein Bad und kleideten sich mit großer Sorgfalt für ihren Besuch im Tempel an, der fast zwei Kilometer von der Stadt entfernt lag. Es war jetzt kühler. Dafür waren sie dankbar, denn der Menschenstrom hatte noch zugenommen. Heute abend würde die Göttin vor den Augen der anbetenden Menge entschleiert werden. Ihre Priester würden alles tun, was in ihrer Macht stand, um die Menge in einen rauschartigen Zustand zu versetzen. Zwischen den Marmorsäulen längs der Straße waren Marktbuden errichtet worden, in denen seltsame silberne Bildwerke verkauft wurden. Einige waren sehr groß, andere so klein, daß sie als Amulette getragen werden konnten. Dazwischen saßen die Schreiber der berühmten „ephesischen Briefe". Das waren Schriftrollen mit Wörtern, die keiner verstand und die als sehr zauberkräftig galten. Wer eine solche Rolle auf seiner Brust trug, besaß einen Schutz gegen alles Böse und eine Gewähr für Erfolg und Glück. Jedermann in Ephesus kannte die Geschichte des griechischen Ringers, der bei den Olympischen Spielen jeden Gegner zu Boden geworfen hatte, bis entdeckt wurde, daß er einen ephesischen Brief um seinen Knöchel gebunden trug. Als er entfernt worden war, wurde er schwach wie jeder gewöhnliche Sterbliche.

Eine seltsame Unruhe und Gereiztheit lag in der Luft. Warum priesen die Silberschmiede ihre Waren so lautstark an? Warum forderten die Schreiber die Leute so eindringlich zum Kauf auf und wiesen immer wieder auf die Überlegenheit der Göttin Artemis hin? War ihre Überlegenheit denn in Frage gestellt? – Einige Gesprächsfetzen schnappten die Wanderer auf.

„Es wird nicht so sein wie im vorigen Jahr ... Die Göttin besitzt keine Vorrangstellung mehr ... Hat man je gehört, daß ein Mensch im Namen der Artemis geheilt worden ist? Beinahe ebenso viele Leute versammeln sich in der Schule des Tyrannus ... Sicher wird es einen Aufruhr geben, ihr wißt ja, die Juden und die Asiaten ... Vor zwei Jahren haben sie ihn aus der Synagoge hinausgeworfen ..."

Onesimus lauschte gespannt. Das klang ja spannend.

Ein Aufruhr hier an diesem Ort – das würde herrlich sein! Aber weshalb sollte denn ein Aufruhr entstehen, und warum versammelten sich die Leute in einer Schule? Er warf einen Blick auf seinen Herrn, dessen Antlitz düster und gedankenvoll aussah.

In der Nähe des Tempels blieb er vor dem Verkaufsstand des Demetrius, des Vornehmsten der ephesischen Silberschmiede stehen und betrachtete sich die schönen Auslagen. Dann kaufte er ein kostbares Bildwerk in Faustgröße und ein zierliches Amulett an einer Silberkette.

„Für deine Mutter und für Pascasia", sprach er zu seinem Sohn. „Das wird ihnen gefallen." – Er verstaute die Geschenke sorgfältig in seiner Geldtasche und ging zur nächsten Bude weiter. Dort saß ein Zauberer, der von Zauberbüchern umgeben war und eifrig schrieb. Philemon zögerte, beobachtete ihn einen Augenblick und kaufte ihm darauf zwei der besten Zauberbriefe ab.

„Die werde ich morgen brauchen", wandte er sich an Archippus. „Da muß ich nämlich Herrn Polemons Freund, den Wollhändler, besuchen, der unten am Hafen wohnt, und mit ihm über meinen Beitritt in die Gilde verhandeln. Wenn ich aufgenommen werde, wird das sehr günstig sein für unsere Handelsgeschäfte und unsern Reichtum vermehren."

Mit einem kleinen Schauder des Erstaunens, der Furcht und der Hoffnung betrat Onesimus hinter seinem Herrn den Tempelbezirk. Er sollte mit Hermes in der Nähe des Eingangs warten, während Philemon und Archippus sich durch die Menge zum Altar vorwärtsdrängten. Aber auch von dort, wo er stand, gab es für Onesimus genug Aufregendes zu sehen. Im Schein der untergehenden Sonne war der Tempel wunderbar schön. Das Abendlicht strömte zwischen den Säulen herein, so daß die roten, goldenen und blauen Farben in überirdischem Glanz erstrahlten. Der mittlere Teil des Tempels trug ein Zederndach und wurde von einigen Leuchtern matt erhellt. Die Luft war schwer vom Duft des Weihrauchs und von der Ausdünstung schwitzender Menschen.

Zuerst schaute sich Onesimus nur die Säulen an und die leuchtenden Farben, die Treppe, die aus einem einzigen riesigen cyprischen Weinstock geschnitzt worden war, den berühmten altehrwürdigen Altar mit den zugezogenen Vorhängen und die Schönheit der untergehenden Sonne. Allmählich wurde es immer dämmriger, und nun gewahrte er auch, was dort im Halbdunkel vor sich ging. Er betrachtete sich die Gesichter der Männer, die da neben ihm am Eingang des Tempels herumlungerten. Da bekam er es mit der Angst zu tun, denn das waren düstere, harte Gesichter, die Gesichter von Verbrechern und Mördern, die hier heimisch zu sein schienen. Er schob sich weiter in die Dunkelheit hinein, um den Anbetenden näher zu sein. Seine Angst wuchs immer mehr. Da geschah etwas, das er nicht verstehen konnte. Das stille Gemurmel war übergegangen in ein hysterisches Geschrei, und die ganze Menge geriet allmählich in Raserei. Langsam wurde der Vorhang hochgezogen. Im nächsten Augenblick würde der Glanz der Göttin über Onesimus aufstrahlen. Er würde all die Halsabschneider und Schurken und den betäubenden Geruch vergessen. Kühle Schönheit und helles Licht würden sich über ihn ergießen, und in seiner Seele würde es Frühling sein.

Als der Vorhang sich noch weiter emporhob, wurde das Geschrei immer lauter, und dann sah er die Göttin über den Köpfen der hin und her schwankenden Menge: eine abscheuliche Fratze, die abstoßende Karikatur einer Frau, die aus altem, schwarzem Holz geschnitzt war. Ihr

Leib endete in einem rauhen Stumpf. In ihren Händen hielt sie eine Keule und einen Dreizack. Mattes Licht floß auf sie nieder, so daß ihm die Dunkelheit ringsumher noch tiefer vorkam. Plötzlich merkte er, daß unter dem Deckmantel dieser Finsternis böse Dinge geschahen. Die weihrauchschwere Luft war mit Unheil geschwängert. Er fühlte plötzlich eine Hand, die nach ihm griff; da schrie er auf, riß sich los und kämpfte sich durch die Menge an die frische Luft.

Völlig erschöpft wankte er auf das Stückchen Marschland zu, das sich zwischen Tempel und Meer hinzog. Er warf sich nieder und drückte seine heiße Stirn in das kühle Gras. Im Westen über dem Hafenbecken tauchten die letzten Strahlen der Sonne das Meer in purpurnes Rot. Ja, es gab noch Schönheit auf der Welt, doch von dieser Göttin war sie so weit entfernt wie der Tag von der Nacht und das Leben vom Tod. Er fürchtete sich mehr als je zuvor. Er dachte an die Felsengräber, an denen sie unterwegs vorbeigekommen waren, die wie Tore aussahen. War das der Tod? Durch diese Tore einzugehen in die erstickende Finsternis – bedeutete das wohl, jener Göttin näherzukommen? Doch die Götter seines Vaters hatten doch bestimmt nicht so ausgesehen? Eines Tages würde er nach Griechenland reisen, die blumigen Abhänge des Parnaß emporklimmen und nach den Göttern seines Vaters suchen.

Er wagte es nicht, lange im Marschland zu bleiben, denn es war ihm befohlen worden, an der Tür des Tempels zu warten und seinen Herrn dann heimzugeleiten. Hermes stand noch immer an derselben Stelle, wo er ihn verlassen hatte, von Ehrfurcht ergriffen, aber sonst nicht sonderlich bewegt, denn er entstammte einem phrygischen Bauerngeschlecht, das so fest und gediegen war wie die taurischen Berge selber. Onesimus stellte sich ein Stück weiter entfernt auf und schauderte, denn hier draußen in der Abenddämmerung war es kühl und frisch. Der Gottesdienst hatte gerade erst begonnen. Es konnte noch Stunden dauern, ehe Philemon und Archippus herauskamen. Die Volksmenge dort drinnen würde weiter kreischen und torkeln und singen bis zum Morgengrauen. Manche würden in Ohnmacht fallen, einige sogar sterben.

Aber sie brauchten nicht lange zu warten. Die Mondsichel war gerade erst über dem Gipfel des Berges Prion sichtbar geworden, als Philemon sich ins Freie drängte. Im Arm hielt er seinen Sohn, der ohnmächtig geworden war. In der kühlen Abendluft kam er rasch wieder zu sich, doch sein Gesicht war kalkweiß,und seine Augen blickten entsetzt umher.

„Nach Hause!" befahl Philemon kurz. Schweigend begaben sie sich zurück zu ihrer Wohnung. Archippus ging sofort zu Bett. Philemon bestellte Wein und entließ seine Sklaven. Er selber blieb noch bis tief in die Nacht hinein beim Wein sitzen. Zweimal erwachte Onesimus auf seinem Strohsack. Immer waren es die Schritte seines Herrn, der unruhig in der Säulenhalle auf und ab schritt, die ihn weckten. Als der Morgen dämmerte, wanderte er unter den erblassenden Sternen noch immer hin und her.

Das Frühstück stärkte Archippus. Er war nun begierig, die Sehenswürdigkeiten der Stadt anzuschauen. Doch sein Vater war müde und traurig. Schweigend trank er seinen Wein und gab dann seine Anordnungen für den bevorstehenden Tag.

„Hermes, bestell eine Sänfte! Mein Sohn und ich wollen zum Hafen, um dort geschäftlich zu verhandeln. Onesimus soll inzwischen das Haus in Ordnung bringen. Noch vor Mittag werden wir zurück sein. Dann wird Onesimus uns zu Fuß zu der Schule des Tyrannus begleiten."

„Warum denn das, Vater?" fragte Archippus.

„Um den Vortrag eines Mannes namens Paulus von Tarsus anzuhören", erwiderte sein Vater kurz angebunden. „Er spricht dort jeden Tag, sobald die Schüler zur Mittagszeit die Schule verlassen haben und redet weiter, bis sie vom Essen zurückkommen. Zur Zeit der Mittagsruhe soll die Schule immer überfüllt sein. Man sagt, er hätte viele Jünger."

Nachdem Onesimus allein zurückgeblieben war, brachte er das Haus in Ordnung, fütterte die Pferde, legte frische Kleider für seinen Herrn bereit und bereitete ein leichtes Mittagsmahl vor. Dann setzte er sich ins Tor und beobachtete die Menschenmenge, welche die Hafenstraße hinauf und hinunter wanderte. Da waren Gruppen heiterer, kichernder Damen auf dem Weg ins Damenbad; kräftige, junge Gladiatoren gingen zum Training, und Kaufleute, die zum Marktplatz wollten und dabei ägyptische Seeleute anrempelten, die zurück zu ihren Schiffen schlenderten. Einmal machten die Leute rasch Platz, als nämlich ein stolzer römischer Statthalter in einer prächtigen Sänfte zum Rathaus hinaufgetragen wurde, während die Ratsherren und der Stadtsekretär hinter ihm her ritten. Den ganzen Tag über hätte Onesimus hier sitzen und zuschauen mögen. Leider dauerte seine Freude nicht lang, denn Philemon und Archippus kehrten in erstaunlich kurzer Zeit zurück. Zusammen begaben sie sich zur Schule des Tyrannus.

Die Schule lag auf halber Höhe des Hügels. Onesimus hätte sich gern alles genau betrachtet. Es gab ja soviel zu sehen: den farbenprächtigen Marktplatz, die weltberühmte Bibliothek, Gebäude, deren Festigkeit und

Schönheit die Zeiten überdauern und deren unsterbliche Schnitzereien die Welt noch 2000 Jahre später in Erstaunen setzen würden.

Doch an jenem Vormittag hatte Onesimus keine Zeit, sich satt zu sehen, denn Philemon und Archippus hatten es eilig. Viele Menschen hatten den gleichen Weg eingeschlagen, und Onesimus hatte Mühe, seinem Herrn auf den Fersen zu bleiben. Man kam nur schlecht vorwärts, denn eben strömten fröhliche Schüler aus der Schule und stießen in die entgegengesetzte Richtung vor.

Nun hatten sie ihr Ziel erreicht. Die Menschenmenge sammelte sich in einer großen Halle. Es war die Schule des Tyrannus. Eine große Volksmenge hatte sich hier eingefunden, aber sie unterschied sich von jeder anderen, die Onesimus jemals angetroffen hatte. Hier stieß, drängte und puffte niemand, hier kämpfte niemand um die besten Plätze.

Ernst und würdig traten die Männer und Frauen ein und nahmen Rücksicht auf die Alten und Kranken. Eine ruhige und doch gespannte Erwartung schien den Raum zu erfüllen. Erstaunt blickte Onesimus sich auf seinem Platz an der Tür um. Träumte er? Er rieb sich die Augen und schaute noch einmal umher.

Die Hälfte der versammelten Gemeinde bestand aus Juden, und doch gab es keine Trennwand in der Mitte der Halle. Alle saßen in schönster Eintracht beieinander, Juden und Heiden, Männer und Frauen, Schwarze und Weiße, Römer und Griechen, Reiche und Arme, Sklaven und Freie. Eine tiefe Stille breitete sich jetzt über den ganzen weiten Raum aus. Viele waren still und schienen zu beten. Dann bestieg ein Mann das Podium des Lehrers. Aller Augen richteten sich auf ihn, als er anfing zu sprechen.

Es war ein kleiner, unbedeutend aussehender Jude mit seltsamen Narben im Gesicht und brennenden Augen, die jedermann in der versammelten Menge zu seinen Füßen anzublicken schienen. Was hat er uns wohl zu sagen? fragte sich Onesimus mit einem kleinen Schauder. Was taten die Leute überhaupt alle hier in dieser dumpfen Halle? Wollten sie bloß jenen seltsamen kleinen Juden anhören? Hätten sie nicht besser daran getan, den Gladiatoren im Theater zuzuschauen?

„Gnade und Friede!" rief der Mann, der Paulus sein mußte und winkte einigen Sklaven, die zögernd an der Tür standen. „Jesus Christus hat Frieden gemacht durch sein Blut. Für euch, die ihr nahe wart, und für euch, die ihr fern wart, Jesus Christus ist unser Friede. Er hat die Trennwand niedergebrochen. Nun ist hier nicht mehr Jude oder Grieche, Mann oder Frau, Sklave oder Freier. Wir sind allesamt eins in Jesus Christus."

Jesus Christus! Von überall her tönte ihm dieser Name entgegen. Der Junge an der Tür ließ den Kopf hängen, denn der kleine Mann dort auf dem Podium schien gerade ihn anzublicken. „Friede durch das am Kreuz vergossene Blut. Er ist unser Friede, Jesus Christus, der für uns litt, der sich Gottes Willen unterwarf, der uns annimmt und uns vergibt."

Aber Onesimus wollte keinen Frieden um diesen Preis. Er wollte sich erheben und auflehnen; er wollte leben, wie es ihm gefiel; er wollte für seine Freiheit kämpfen und seine Rache vollstrecken. Er schlüpfte hinter einen Pfeiler, setzte sich nieder und hielt sich die Ohren zu.

7

Die heißen Tage eilten dahin, und schon war das Artemis-Fest gekommen. Es war der Tag, an dem das Standbild der Artemis auf einem Wagen, der von Hirschkühen gezogen wurde, durch die Straßen der Stadt gefahren wurde. Man brachte es geradewegs vom Tempel im Marschland zu der Arena auf dem Berge Prion, wo die großen Sportwettkämpfe stattfinden sollten.

Die Jungen waren früh am Morgen vom Klang der Flöten und Trompeten, dem Rufen der Herolde und dem Dröhnen der Trommeln erwacht. Ungeduldig warteten sie auf das Erscheinen Philemons und auf seine Anordnungen. Geschäfte würden heute nicht erledigt werden.

In seinem Schlafzimmer war er nicht zu finden. Schließlich entdeckten sie ihn auf dem Dach, wo er gedankenversunken aufs Meer hinausstarrte. Er sah müde und alt aus und hatte dunkle Ringe unter den Augen. Als er sich den freudig erregten jungen Burschen in ihren besten Kleidern zuwandte, war sein Blick bekümmert.

Er wandte sich an seinen Sohn und überreichte ihm eine kleine Geldtasche. „Die Sklaven werden dich begleiten", sagte er, „und hier hast du Geld für den Eintritt und für ein paar Erfrischungen. Ich gehe heute nicht mit. Ich muß wieder in die Schule des Tyrannus."

„Vater!" Tiefe Enttäuschung schwang in Archippus'

Stimme. „Kommst du nicht mit am ersten großen Tag der Wettspiele? Heute wird bestimmt niemand diesem Paulus zuhören. Es ist doch der Tag des großen Umzugs und des Opferns. Hast du das denn ganz vergessen?”

Philemon lächelte. „Nein, ich habe es nicht vergessen”, sagte er sanft. „Aber ich kann nicht mitgehen. Vielleicht kann ich diese Umzüge und Opfer nie mehr mitmachen. Es gibt noch einen anderen Altar. Bis jetzt habe ich darüber noch keine völlige Klarheit. Ich weiß nur, daß ich heute wieder hingehen und zuhören muß.”

Archippus stand still da und starrte seinen Vater an, den er liebte und bewunderte. Dies war die erste Meinungsverschiedenheit, die Vater und Sohn je gehabt hatten. Sonst hatten sie immer ein und dasselbe Ziel gehabt, nämlich, im Geschäftsleben erfolgreich zu sein und ein glückliches, prächtiges Heim zu haben. Doch während der letzten Tage hatte sich Philemon nur wenig um seine Geschäfte gekümmert und auch nichts von seiner Unterredung mit den Kaufleuten berichtet.

Bittend blickte Archippus seinen Vater an. „Oh Vater, diese neue Lehre wird unser Leben noch zugrunde richten. Welche Gilde wird jemals einen Christen aufnehmen? Man betrachtet sie als Ketzer und verachtet sie. Wie sollen wir da noch leben können?”

„Wir sollen im Blick auf die Ewigkeit leben, nicht im Blick auf das Zeitliche”, erwiderte Philemon schlicht. „Doch, mein Sohn, bis jetzt habe ich noch keine Gewißheit. Wenn es wirklich wahr ist, daß wir hier auf Erden mit dem Leben des einen ewigen Gottes erfüllt werden können, was bedeutet dann schon Wohlstand oder Geschäft, wenn man diese Dinge mit einem solchen Wert vergleicht? Aber wie soll ich wissen, ob das alles wahr ist? Ich muß noch mehr hören und noch mehr lernen, und folglich habe ich weder Zeit noch Lust, mir diese

Umzüge anzusehen. Sag an, hast du an jenem Abend im Tempel Wahrheit oder Reinheit oder Tugend gefunden?”

Archippus wurde bleich vor Furcht und schaute sich um, ob die Sklaven zugehört hatten. Nein, sie warteten unten, und sein Vater hatte leise gesprochen. Es war das erste Mal, daß sie auf den Tempelbesuch zu sprechen kamen, und Archippus wagte es nicht, seine Gedanken laut werden zu lassen. Unbehaglich rieb er sich die Hände.

„Heute will ich mir die Spiele und die Umzüge ansehen”, sagte er. „Morgen, Vater, will ich dich zur Schule des Tyrannus begleiten.”

Bei Sonnenuntergang kehrten die Jungen mit Hermes zurück, hochbefriedigt, aber auch sehr müde von der Hitze und dem Lärm und den vielen Menschen. Die Festlichkeiten würden bis in die Nacht hinein fortdauern, und die religiöse Erregung würde sich immer weiter steigern. Onesimus wäre gern noch länger geblieben, doch Archippus wollte nach Hause. Er litt an einem leichten Sonnenstich und fühlte sich nicht wohl. Den ganzen Tag über war er reizbar gewesen und hatte seine Sklaven ungewöhnlich schlecht behandelt. Onesimus hätte ihn am liebsten die Kaimauer hinunter gestoßen.

Philemon saß in der Säulenhalle. Er hatte schon gespeist. Er stand sofort auf, half seinem Sohn ins Bett, brachte ihm Wein und ein Schlafmittel und wandte sich dann an seine Sklaven.

„Du bleibst hier, Hermes, und sorgst für deinen jungen Herrn”, sagte er. „Ich muß noch einen Besuch machen. Du, Onesimus, wirst mich begleiten.”

Höchst verärgert trottete Onesimus hinter seinem Herrn her. Er hatte nichts zu essen und keinen Wein zu trinken bekommen. Fühlte nicht auch er sich erschöpft und schwindlig von der Hitze? Wohin sein Herr nur gehen mochte? Der Hafenbezirk war fast menschenleer. Alle Leute waren oben auf dem Hügel in der Nähe des Theaters. Sie hatten bereits das Armenviertel der Stadt erreicht, aber noch immer eilte Philemon weiter durch die schlecht erleuchteten Straßen. Er war jetzt unsicher geworden und blieb zögernd an den Straßenkreuzungen stehen.

Dann wandte er sich an eine Frau, die mit einem Kind auf dem Arm in einem Torweg stand.

„Kannst du mir sagen, wo der Zeltmacher Paulus wohnt?" fragte er.

Sie nickte, als sei sie an solche Fragen gewöhnt und deutete auf ein erleuchtetes Häuschen auf der anderen Seite der Straße. Der Eingang war niedrig. Philemon mußte sich tief bücken, um eintreten zu können. Onesimus runzelte verächtlich die Stirn und folgte ihm verwundert. Und er wunderte sich noch mehr über den Anblick, der sich ihm darbot. Beinahe hätte er laut gelacht.

Der ehrwürdige Paulus, der hochverehrte Lehrer einer neuen Religion, dieser Paulus, dessen Name schon in ganz Kleinasien bekannt war, dieser gebildete Jude aus Tarsus, saß hier auf dem Fußboden und verwebte auf einem Webstuhl schwarze Ziegenhaare. Auf einem Schemel neben ihm lag eine Schriftrolle, wahrscheinlich ein Brief, den er geschrieben hatte. Um ihn herum saßen seine Freunde mit gekreuzten Beinen und führten beim Geklapper des Webstuhls ernsthafte Gespräche mit ihm. Ihre ernsten Gesichter wirkten bleich im Schein der Lampe. Niemand achtete auf den Neuankömmling.

„Ich habe es ihnen gesagt", rief Paulus, deutete auf die Schriftrolle und richtete seine Worte an vier gebildet aussehende junge Korinther, die in seiner Nähe saßen und so gar nicht in diesen Webschuppen zu passen schienen. „Ja, ich habe es ihnen klar gesagt, daß nicht viele Weise, nicht viele Mächtige und nicht viele Edle berufen sind, damit sich kein Mensch vor Gott rühmen kann. Mein ganzes Herz habe ich ihnen ausgeschüttet. Oh, Achaikus und Stephanus, meine Kinder in Christus, geht zu ihnen zurück und bringt ihnen bei, daß man Gott nicht durch Weisheit und Gelehrsamkeit kennenlernt, sondern durch Reue, Glauben und Liebe! Gebietet ihnen, aufzuhören mit allen Streitigkeiten, die Sünde aus ihrer Mitte zu entfernen und die Gemeinde auf dem einen festen Fundament aufzubauen: Jesus Christus!"

Ein dritter fragte besorgt: „Wie ist es aber mit den Fragen der Gemeindezucht und der Gottesdienstordnung? Welche Antwort sollen wir ihnen bringen?"

„Die steht darin, Fortunatus", erwiderte Paulus und deutete auf den Brief. „Aber alles ist nutzlos, solange sie nicht Buße tun. Und wenn sie alle Geheimnisse wüßten und alle Erkenntnisse hätten, es ihnen jedoch an der Liebe fehlte, so wären sie nichts. Sagt ihnen, sie sollen nur nach der Liebe streben, dann wird der Heilige Geist sie alles weitere lehren. Oh, meine Brüder, die Gemeinden in Galatien sind durch falsche Lehren verwirrt worden. Möge Gott es verhüten, daß das Zeugnis der Gemeinde in Korinth durch Stolz, Streitigkeiten und Unreinheit zu Fall kommt!"

„Bruder Paulus, da ist ein Neuankömmling!" sagte eine Stimme aus dem Hintergrund des Raumes, wo ein anderer Handwerker dem Webstuhl neue Ziegenhaare zuführte. Er hatte jüdische Gesichtszüge. Jetzt trat er in den Lichtschein und zog Philemon mit sich.

„Willkommen in meinem bescheidenen Heim!" sprach er. „Laß den Jungen auch eintreten." – Als er merkte, wie sehr Philemon sich wunderte, daß er in einem jüdischen Hause willkommen geheißen wurde, lächelte er. „Hier gibt es keine Schranken mehr”, sagte er freundlich. „Christus ist für alle gestorben. Friede sei mit euch! Welch ein Anliegen hat euch hergeführt?”

Alle Augen richteten sich jetzt auf den stattlichen Phrygier, der im Türschatten stand. Er antwortete leise: „Ich suche die Wahrheit. Ich möchte den einen wahrhaftigen und lebendigen Gott kennenlernen und anbeten.”

Die Menschen im Lampenschein machten Platz, und Philemon setzte sich neben dem Webstuhl nieder. Onesimus verkroch sich im Hintergrund, wo ein kleiner Junge das Garn hielt. Der Weber Aquila setzte ruhig seine Arbeit fort. Er war ein armer Mann und durfte keine Zeit verlieren.

„Du sollst finden, was du suchst”, sagte der Apostel. Seine Stimme war klar und durchdringend. Wieder erschauerte Onesimus. Was hatten sie gesehen, diese Männer mit den strahlenden Gesichtern? Was hatte Stephanus damals gesehen? Das Lachen war ihm vergangen. Fast fürchtete er sich wie damals im Tempel der Artemis; aber es war doch eine andere Art von Furcht. Damals war es die Furcht vor dem Bösen gewesen; hier fürchtete er sich vor etwas anderem, vor dem das Böse weichen mußte. Die Tür am anderen Ende des Webschuppens öffnete sich, und eine freundlich aussehende Frau schaute herein. „Komm, Levi”, sagte sie leise und winkte einem kleinen Jungen. „Du mußt jetzt essen und dann schlafen gehen.”

Das Kind stand sofort auf und lief zu seiner Mutter. Als sie den müden Jungen gewahrte, der sich da gegen die Wand lehnte, erriet sie, daß dies wohl der Sklave des vornehmen Neuankömmlings sein mußte. Erst kürzlich war Priscilla mit ihrem jüdischen Gatten aus Rom ausgewiesen worden. Dort in ihrer Heimatstadt hatte sie genug von der Sklaverei gesehen und haßte sie aus tiefster Seele. So bedeutete sie dem Onesimus, er solle dem kleinen Levi ins Wohnzimmer hinter dem Webschuppen folgen.

„Hast du schon zu Abend gegessen, mein Junge?" fragte sie lächelnd. „Wenn diese Männer erst einmal anfangen zu reden, hören sie vielleicht die ganze Nacht nicht wieder auf. Komm, iß etwas und leg dich dann schlafen. Mein Mann wird dich wecken, wenn dein Herr fertig ist."

Dankbar trank Onesimus die Buttermilch und aß das Gerstenbrot und den Ziegenkäse, die sie ihm reichte. Dann sank er auf einen Haufen Felle nieder und war sofort eingeschlafen. Jemand schüttelte ihn sacht, und er fuhr erschrocken hoch. Er hatte sich doch erst gerade hingelegt? Dann sah er graues Licht vom Hof her ins Zimmer dringen und wußte, daß der Morgen dämmerte.

Er taumelte und war noch ganz verschlafen. Wo war er? Und was war geschehen? Priscilla lachte ein wenig, brachte ihm kaltes Waschwasser und fuhr ihm sorgsam mit einem Lappen übers Gesicht. Ihre Hände waren sanft, wie die seiner eigenen Mutter. Er murmelte einen Dank und stolperte dann in den Webschuppen. Hier warf er einen scheuen Blick auf seinen Herrn, und dieser eine Blick machte ihn völlig munter. Er begriff nun, was geschehen war. Auch Philemon hatte etwas gesehen wie die andern, wie Stephanus.

Außer Paulus und Philemon war niemand zugegen. Alle andern waren offenbar längst heimgegangen. Es braucht schon seine Zeit, bis das ganze Leben eines Mannes in das Licht Gottes gerückt worden ist. Der müde Apostel sah aus, als hätte er einen harten Kampf ausgefochten und gewonnen. Plötzlich sank Philemon zu seinen Füßen nieder. Paulus legte die Hand auf seinen Kopf. „Der Herr segne dich und behüte dich, mein Sohn!"

Dann waren sie auf einmal draußen auf den grauen, verlassenen Straßen. Philemon wickelte sich fester in seinen Mantel, denn vom Berge Prion herab blies ein kalter Ostwind.

Sie bogen in die Hafenstraße ein und blickten seewärts. Die aufgehende Sonne spiegelte sich in dem ruhigen Wasser des Hafenbeckens, und das offene Meer hinter dem Kanal glich einem glitzernden Silberstreifen. Ein Getreideschiff segelte gerade in der leichten Morgenbrise ins freie Meer hinaus. Seine hellen Segel blähten sich im klaren Licht des jungen Morgens wie die Schwingen eines Vogels.

„Sein Licht hat hineingeleuchtet in unsere Finsternis", murmelte Philemon. Ganze fünf Minuten lang stand er still da und beobachtete das stattliche Schiff, das dort der hellen, offenen See entgegenfuhr und dem Lande, wo die Sonne untergeht. Vor Stürmen würde es später wohl nicht verschont bleiben, doch der Aufbruch war immer herrlich. Von der Glut seiner großen Freude erwärmt, vergaß er ganz seinen frierenden, jungen Sklaven, der keinen Mantel besaß.

Dann wandte er sich um und wurde seiner gewahr. Ein seltsames Mitgefühl, das er nie zuvor empfunden hatte, wallte in ihm empor. Plötzlich fiel ihm ein, daß Onesimus ohne Abendessen das Haus verlassen hatte. Während der unvergeßlichen Nacht hatte er nicht einen einzigen Gedanken daran verschwendet, wie oder wo der Junge wohl schlafen mochte. Warum sollte er auch? Das Wohlbehagen seines Herrn war die Aufgabe des Sklaven, aber das Wohlbehagen des Sklaven ging seinen Herrn nichts an.

8

Philemon schlief bis elf Uhr. Plötzlich fuhr er mit einem Ruck empor. Er durfte sich nicht verspäten. Paulus würde wieder in der Schule sprechen, und er durfte kein einziges Wort versäumen. Ihm war zumute wie einem Kinde, das am Ufer eines Ozeans von Leben, Liebe und Wahrheit steht. Paulus hatte von der Liebe Christi gesprochen, die alle Erkenntnis übersteigt. Heute würde er mehr von ihrer Herrlichkeit kennenlernen. Eines Tages würden sie hoffentlich alle den Weg der Nachfolge gehen: er selbst, sein Sohn und seine Sklaven. Der Sohn Gottes hatte ja auch sie geliebt und sich selbst für sie geopfert. Auch sie mußten das Evangelium zu hören bekommen und es verstehen lernen.

Der tiefe Schlaf hatte Archippus erquickt. Jetzt wartete er in der Säulenhalle ungeduldig auf seinen Vater. Er warf ihm einen einzigen Blick zu – und wußte alles. Ein entsetzliches Gefühl der Einsamkeit befiel ihn. Sein Vater hatte einen Weg beschritten, auf dem er ihm nicht folgen konnte. Die Ferientage in Ephesus, auf die er sich so gefreut hatte, waren ihm verleidet. In der Tiefe seines Herzens, ihm selber unbewußt, empfand er zwar Entsetzen und Abscheu vor dem, was er im Tempel der Artemis wahrgenommen hatte, doch hatte er auch genug über das Christentum gehört, um zu wissen, daß seine Anhänger sich lossagen mußten von Wohlleben und Wohlstand, von Menschengefälligkeit und Menschengunst und von den allgemeinüblichen Geschäftsmethoden. Außerdem mußte ein Christ seine Sünden bekennen und aufgeben, und Archippus hatte allen Grund, vor dieser Forderung zurückzuschrecken.

Er starrte unglücklich vor sich hin, bis Philemon ihn aufforderte, sich fertigzumachen. Dann machten sich alle vier auf den Weg. Aber sie kamen nur langsam voran. Die Volksmenge, die zum Theater drängte, befand sich in gereizter Stimmung. Man hörte gedämpftes Gemurmel und schrilles Pfeifen.

Wäre Paulus nicht von zwei kräftigen Mazedoniern begleitet gewesen, so hätte er die Schule kaum sicher erreichen können. Die Gruppe seiner Vertrauten war heute sowieso kleiner als gewöhnlich. Fortunatus, Achaikus und Stephanas waren nämlich unten am Hafen und erkundigten sich nach einem Schiff, das nach Griechenland fuhr. Sie sollten ja der Gemeinde in Korinth den kostbaren Brief überbringen.

Schließlich hatten sie die Schule doch erreicht. Der tapfere kleine Lehrer stand wieder auf dem Podium, atemlos, schmutzbespritzt, mit einer Beule auf der Stirn und dennoch mit leuchtenden Augen. Vielleicht ahnte er, daß seine Zeit hier nur noch kurz bemessen war, denn er sprach mit großem, unmißverständlichem Ernst. War hier jemand, der ein geteiltes Herz hatte, der sein Vertrauen auf etwas anderes setzte als allein auf Jesus Christus? Durch diesen waren ja alle Dinge geschaffen worden,und durch ihn blieben sie erhalten, und in ihm waren alle Schätze der Weisheit und der Erkenntnis verborgen. Setzte aber jemand seine Hoffnung auf etwas anderes, der sollte es jetzt bekennen und sich für immer davon lossagen, damit er nicht ewig verlorenginge.

Unter den Zuhörern entstand eine plötzliche Bewegung. Ein bleicher Mann stürzte nach vorn und warf dem Redner eine Schriftrolle vor die Füße. „Ich habe von meinen Zauberkünsten gelebt. Von nun an will ich auf die Macht Jesu Christi vertrauen", flüsterte er.

Diese Worte wurden aufgefangen und verbreiteten sich wie ein Lauffeuer unter den dicht gedrängt sitzenden Menschen. Eine Frau brach in Tränen aus, stürzte nach vorn und warf ein silbernes Amulett auf den Boden.

„Verbrennt all diese Dinge! Vernichtet sie!" rief der Redner. „Welche Gemeinschaft hat das Licht mit der Finsternis? Was hat Christus mit Götzen zu schaffen?"

Paulus Stimme wurde übertönt. Der ganze Raum geriet in Bewegung. Eifrig, aber ohne Überstürzung drängten sich Männer, Frauen und Kinder nach vorn. Viele weinten, als sie Götzenbilder und Andenken an die Göttin Artemis, Amulette und Zauberbriefe fortwarfen. Ohne Zögern trat auch Philemon vor. Aus seinen Augen fiel keine Träne, sondern sein Antlitz leuchtete vor innerer Freude. Er war bereit, alles fahren zu lassen, um Jesus Christus ganz zu ergreifen. Jetzt zog er die beiden Zauberbriefe und die silbernen Bildwerke aus seiner Tasche und legte sie auf den ständig wachsenden Haufen.

„Holt eine Kohlenpfanne und Feuer", gebot Paulus. Gajus und Aristarchus, die Mazedonier, gingen in ein nahegelegenes Haus und schafften das Erforderliche herbei. Die Zauberbücher und Zauberbriefe wurden nacheinander den Flammen übergeben; die silbernen Amulette und Götzenbilder eingeschmolzen für das Werk Gottes. An diesem Tage wurde in der Schule des Tyrannus nicht mehr weiter gelehrt. Viele waren nach Hause geeilt und kehrten mit heidnischen, okkulten Sinnbildern zurück, an denen sie sehr hingen. Den ganzen Nachmittag hindurch wurde das Feuer von Gajus und Aristarchus unterhalten. An diese Arbeit waren sie bereits gewöhnt, denn dies hier geschah nicht zum erstenmal. Vor gar nicht langer Zeit waren Zauberbücher und Amulette im Werte von 50 000 Silberstücken öffentlich verbrannt worden. Immer mehr Menschen sagten sich davon los und setzten ihr ganzes Vertrauen auf Jesus Christus.

Durch die Fenster drang der Rauch ins Freie, und als die Leute schließlich den Schulsaal verließen, wurden sie draußen von drohendem Gemurmel und finsteren Blicken empfangen. Glücklicherweise hielten die meisten Bewohner noch Mittagsruhe oder hatten sich in der Nähe des Theaters versammelt.

Die Jungen waren froh, als sie unbehelligt ihr Heim erreicht hatten. Bald nach dem Essen machten sie sich wieder auf den Weg, um sich die Ringkämpfe anzuschauen. Philemon wollte sie nicht begleiten.

„Ich werde zu Paulus zurückkehren", sagte er. „Wer weiß, wieviel Zeit ihm hier noch verbleibt! Ich bange um seine Sicherheit während dieser Festtage."

Philemon hatte recht. Die Zeit war nur noch kurz. Rasch verbreitete sich die Nachricht in der erregten Stadt: „Die Christen haben die Zauberbriefe verbrannt und die Götzenbilder eingeschmolzen." Am dritten Tag konnten sie den Schulbezirk überhaupt nicht mehr betreten.

Stundenlang saß Philemon nun bei Paulus im Webschuppen. Währenddessen durchstreiften die Jungen die Straßen und sahen sich satt an den Spielen und Wettkämpfen. Sie ahnten, daß die Gewitterwolke, die drohend über der Stadt hing, sich bald entladen würde. Archippus hatte große Angst um seinen Vater.

Am Abend des dritten Tages, als Philemon im

Schutze der Dunkelheit aus Aquilas und Priscillas Heim zurückgekehrt war, sagte er: „Vater, wollen wir nicht lieber bald nach Kolossä zurückreisen? Mir scheint, du hast das Interesse an der Gilde ganz verloren. Und Mutter ist so allein zu Hause."

„Ja, mein Sohn, bald werden wir heimreisen", antwortete sein Vater. „Es kann nicht mehr lange dauern, dann wird der Sturm losbrechen, und wenn es geschieht, möchte ich Paulus zur Seite stehen."

„Ich aber nicht!" rief Archippus bestürzt. „Warum willst du dein Leben aufs Spiel setzen? Denk doch an Mutter und an Pascasia und an mich!"

„Ich glaube nicht, daß ich mein Leben verlieren werde", erwiderte Philemon ruhig. „Habe ich nicht gerade erst angefangen, Jesus zu dienen? Hat Gott mich nicht dazu berufen, das Evangelium nach Kolossä zu tragen? Für Jesus zu leiden, wäre ein großer Gewinn. Denn wenn wir mit ihm leiden, werden wir dereinst auch mit ihm herrschen. Oh, mein Sohn, wenn du wüßtest..."

„Ich weiß es, ich weiß alles! Aber ich will es nicht wissen!" brach es aus Archippus hervor. „Vater, ein solches Leben ist nichts für mich. Bitte, sprich nie mehr mit mir darüber! Komm, Onesimus, wir wollen zum Theater gehen!"

Langsam schlenderten die beiden Jungen die Straße entlang. Archippus hatte immer noch die Absicht, ein paar Reiseandenken mitzunehmen, besonders für die kleine Eirene. Er wollte sie nämlich so bald wie möglich besuchen. Sie bummelten durch die Straße der Silberschmiede in Richtung auf den Tempel zu. Aber sie kamen kaum vorwärts, so wimmelte es überall von Menschen.

„Was mag denn bloß da los sein?" fragte Archippus. „Irgendwo muß eine Versammlung stattfinden. Schau mal, da steht der Silberschmied Demetrius auf einem Getreideballen vor seinem Laden und spricht zu der Volksmenge. Kannst du verstehen, was er sagt, Onesimus? Er scheint sehr erregt zu sein."

Onesimus drängte sich vor und strengte sich gewaltig an, zu hören, was jener heftig gestikulierende Mann da zu sagen hatte. Plötzlich gingen seine Worte in dem wilden Geschrei der Menge unter. Die ganze Straße schien zu beben, und das Geschrei schwoll zu einem ohrenbetäubenden Gebrüll an: „Groß ... groß ... groß ist die Diana der Epheser! Nieder mit Paulus! Der Tempel der großen Göttin ist in Gefahr. Sie haben die Zauberbriefe verbrannt und ihr Bildnis ins Feuer geworfen. Groß ... groß ... groß ist die Diana der Epheser!"

Das war nicht mehr eine bloße Protestkundgebung der Silberschmiede, das war ein wild gewordener, fanatischer Volkshaufe. Wie eine bedrohliche Meereswoge bewegte sich nun alles in einer Richtung fort. Das war ein Gedränge und ein Geschrei, ein Augenrollen und Zähneknirschen! Die beiden Jungen wurden von der brandenden Menschenflut mitgerissen und den Hügel hinaufgeschoben dem Theater zu, während ihnen noch immer das eintönige Geschrei in den Ohren gellte: „Groß ist Diana ... groß ist Diana ... groß ist Diana!"

Onesimus wurde von seinem jungen Herrn getrennt. Aber er konnte ihn immer noch in der Menge erkennen, denn er war ein langer Bursche. Archippus sah ganz verschreckt aus. Um sich von jedem Verdacht zu reinigen, schrie er lautstark mit: „Groß ist die Diana ..." Da fühlte Onesimus, wie er den feigen Archippus verachtete. Obwohl zwischen den Jungen kein Wort über den Tempelbesuch gewechselt worden war, wußte ein jeder doch genau, was der andere dort empfunden und gesehen hatte. Vor nur zwei Tagen hatte Archippus zugesehen, wie sein Vater die Zauberbriefe und Amulette ins Feuer warf. Und hier schrie er sich nun heiser wegen dieser Göttin Diana. Angewidert wandte sich Onesimus ab.

Plötzlich nahm er wahr, welch einzigartige Gelegenheit sich ihm da bot. Das Triumphgefühl in ihm wurde so stark, daß er für einen Augenblick ganz die tobende Menge um sich her vergaß. Sein junger Herr befand sich ganz in seiner Macht. Endlich konnte er sich an ihm rächen. Zuerst wies er den Gedanken entschieden zurück, doch er zwang sich ihm beharrlich wieder auf. Alles, was er erduldet hatte, trat ihm mit unerbittlicher Klarheit vor Augen: jede Beleidigung, jede Geringschätzung und Demütigung, all die Jahre erzwungenen Gehorsams, und dann, wie er mit Ruten gezüchtigt worden war für das Vergehen, das doch Archippus begangen hatte. Halb benommen von der Hitze, dem Lärm und dem wüsten Durcheinander rings umher, wandte er sich an den nächsten Randalierer, deutete auf Archippus und flüsterte: „Vor zwei Tagen hat sein Vater die ephesischen Zauberbriefe verbrannt."

Kaum hatte er die Worte ausgesprochen, so hätte er sein Leben darum gegeben, sie zurücknehmen zu können. Doch es war bereits zu spät! Sein Geflüster war wie ein Funke auf trockenen Zunder gefallen. Einen Augenblick später wandten sich alle, die in Archippus' Nähe standen, ihm zu, umringten ihn, schüttelten ihre Fäuste, zischten voller Wut und schrien: „Dein Vater hat die Briefe verbrannt! O du Sohn eines Lästerers! Nieder mit diesen Christen! Groß ist Diana!"

Einer hatte Archippus ins Gesicht geschlagen, ein anderer ihn an den Haaren gepackt. Onesimus sah gerade noch sein aschfahles Gesicht, und wie sich sein Mund zu einem vergeblichen Protest öffnete. „Groß ist

Diana!" kreischte er. Dann wurde er von der rasenden Menge umgestoßen und niedergetrampelt.

„Jesus, errette mich! Jesus, errette mich!" rief er in Todesnot. Das war sein letzter, verzweifelter Schrei, bevor er in tiefe Bewußtlosigkeit versank. Zwei Männer, die gegen ihren Willen von der Menge mitgerissen worden waren, hörten diesen Schrei. Der ochsenstarke Mazedonier Gajus drosch mit seinen riesigen Fäusten wie eine Windmühle um sich und bahnte sich so einen Weg durch die brodelnde Volksmenge, um die Stelle zu erreichen, wo der Schrei erklungen war. Hier ein Schlag, dort ein wohlgezielter Tritt, und schon hatte er Raum geschaffen. Dann zog er den Bewußtlosen unter den Füßen der Menge hervor.

Die Täter - und Onesimus mit ihnen - waren weggedrängt worden. In dem Lärm und der Verwirrung wußte niemand mehr, weshalb der Junge überhaupt niedergeschlagen worden war. Eine plötzliche Stille befiel die Umstehenden, als die schlaffe, blutende Gestalt an Aristarchus weitergereicht wurde, der Gajus gefolgt war. Er legte den Jungen auf seine kräftigen Schultern und bemühte sich, eine Seitenstraße zu erreichen. Doch das war unmöglich. So wurde der leblose Körper einfach über die Köpfe des Pöbels hinweg von einem zum andern weitergereicht und schließlich weggeschafft.

Onesimus war mit der Volksmenge den Hügel hinaufgedrängt worden. Das Letzte, was er von Archippus sah, war sein Gesicht, als der Pöbel ihn umringte und zu Boden stieß. Archippus ist tot, sagte er sich. Alles andere war nur ein böser Traum, fern und bedeutungslos. Irgendwie wurde er ins Theater getrieben. Leicht überrascht gewahrte er, wie Paulus' kräftige Freunde Gajus und Aristarchus auf die Tribüne gezogen wurden.

Sie standen in Gefahr, von der wild gewordenen Menge gelyncht zu werden. Als sie den Jungen zu retten versuchten, hatten sie die Aufmerksamkeit des Pöbels auf sich gelenkt, waren erkannt, angegriffen und geschlagen worden.

War eine Stunde vergangen? Oder ein Tag? Oder gar zwei Tage? Onesimus wußte es nicht. Zusammengekauert hockte er inmitten der lärmenden, schwitzenden Menge und beobachtete den törichten Alexander, der vergeblich ein Zeichen mit der Hand gab und Worte hervorstieß, die nicht einmal die Nächststehenden vernehmen konnten. Dann, nachdem unendlich lange Zeit verstrichen war, entstand plötzlich eine Stille, eine wahre Totenstille.

Der Stadtschreiber stand auf und sagte etwas. Onesimus achtete nicht weiter darauf. Später erzählte man ihm, es sei eine glänzende Rede gewesen. Tag und Nacht, Lärm und Stille - alles war ihm gleich; für ihn zählte nur noch eins, jetzt und für immer und ewig: Archippus war tot! Und er hatte ihn getötet!

9

Der Gedanke, daß Archippus durch seinen Verrat sein Leben verlieren könnte, war Onesimus nie gekommen. Er hatte nur an ein blaues Auge gedacht und an ein paar ausgeschlagene Zähne. Das wäre ihm recht gewesen! Als Landjunge aus den Bergen wußte er jedoch nichts von der Brutalität wild gewordener Volksmassen. Nun kam jede Reue zu spät. Archippus war tot, von der Volksmenge zu Tode getrampelt.

Die Nacht hatte sich wie ein Schleier herabgesenkt, das Geschrei war verstummt. Er stand draußen im Freien unter dem funkelnden Sternenhimmel. Er hatte das Theater verlassen, weil alle andern es auch verlassen hatten. Um weiteren Krawallen vorzubeugen, hatte der Stadtschreiber angeordnet, daß alle Festlichkeiten eingestellt und die Straßen geräumt werden sollten. Onesimus war jetzt ganz allein. Was sollte er beginnen? Wohin sollte er gehen?

Zu seinem Herrn konnte er nicht zurück. Wo war Philemon überhaupt? Klagte er an der Leiche seines Sohnes, oder suchte er die Straßen nach ihm ab? Verzweifelt blickte sich Onesimus um. Wo gab es eine Zuflucht für ihn? Sollte er auf die Berge zu seiner Linken fliehen, über denen kalt und fern die Sterne flimmerten? Oder ins mondhelle Marschland zu seiner Rechten? Oder lieber in die schlafende, weiße Stadt dort unten mit dem silbernen Meer dahinter? Vielleicht lief er am besten hinunter zum Hafen. Ob er dort, tief unter den Wellen, Ruhe und Vergessen finden würde? Doch in wessen Arme würde er sich da sinken lassen? Weder Diana noch Jesus noch irgendeine andere Gottheit hatte einen Finger gerührt, um Archippus zu retten. Vielleicht gab es überhaupt keinen Gott. Aber so ins Dunkle und ins Nichts zu sinken, ganz allein mit seiner Schuld, war ein schrecklicher Gedanke. Da war es immer noch besser, dem Leben mutig entgegenzutreten, als sich dem Tode oder irgendeinem zornigen, unbekannten Gott auszuliefern.

Ganz unbewußt hatten seine Füße ihn den Hügel hinab und zu Philemons Haus geführt. Jetzt stand er auf der leeren Straße und sehnte sich plötzlich nach seinem Herrn, der trotz allem ein guter Herr gewesen war. Dann schoß ihm der Gedanke durch den Kopf: Sein Herr brauchte ja niemals zu erfahren, was geschehen war. Niemand brauchte das je zu erfahren. Alles konnte ruhig so weitergehen wie bisher. Nur sein eigenes Gewissen würde ihn heimlich quälen. Er beschleunigte seine Schritte, hatte das Haus erreicht und klopfte. Aber die Tür war verschlossen und das Haus leer.

Niemand war da! Und doch mußte er irgendein menschliches Wesen finden, es anfassen, sehen, hören. Er sehnte sich nach seiner Mutter, aber sie war weit, weit fort, am Fuße der Bergschluchten, wo die Herden weideten. Das erschien ihm jetzt alles wie eine andere Welt. Dann erinnerte er sich auf einmal an die Frau des Webers, an ihr Lächeln und an ihre sanften Hände. Ja, dorthin würde er gehen und nach seinem Herrn fragen.

Er rannte den ganzen Weg, die Hafenstraße hinunter und die Seitengasse hinauf, und richtig, aus dem Webschuppen drang schwacher Lichtschein. Der Schuppen war zwar auch verschlossen, und auf sein erstes schüchternes Klopfen hin öffnete niemand, obwohl er hören konnte, daß sich drinnen jemand bewegte. Da klopfte er noch einmal. Nach einer kleinen Weile fragte eine erschrockene Stimme: „Wer ist da?"

„Ich, der Sklave, der neulich mit dir zu Abend gegessen hat. O bitte, Herrin Priscilla, laß mich ein!"

Die Tür wurde vorsichtig geöffnet. Er schlüpfte hinein, und Priscilla verschloß sie wieder sorgfältig. Sie war sehr blaß und sah aus, als ob sie geweint hätte. Doch als sie das graue, erschöpfte Gesicht des Jungen sah und die Angst in seinen Augen, vergaß sie ihre eigenen Nöte.

„Was ist denn los, mein Junge?" fragte sie. „Bist du etwa in den Tumult hineingeraten?"

Stumm starrte er sie an. Das Herz wand sich ihm in der Brust. Oh, wie sehr er sich danach sehnte, sich ihr anzuvertrauen und ihr alles zu erzählen! Aber das durfte er ja nicht. Niemandem durfte er es jemals erzählen. Ihm wurde plötzlich klar, daß er dieses Geheimnis ein Leben lang mit sich herumschleppen mußte. Wie eine Schranke würde es zwischen ihm und allen andern Menschen stehen. So antwortete er schlicht: „Ja, ich war dabei. Jetzt suche ich meinen Herrn. Hast du ihn vielleicht gesehen?"

Priscilla schüttelte den Kopf. Sie zog Onesimus in den inneren Raum, in dem sie gerade Reiseproviant zurechtmachte. Sie war froh, jemanden zum Plaudern zu haben. Als sie sah, wie müde der Junge war, führte sie ihn zu einem Lager, brachte ihm Brot und Wein und sagte:

„Deinen Herrn habe ich nicht gesehen. Vielleicht ist er mit den anderen Jüngern in der Schule des Tyrannus. Hoffentlich sind sie so gescheit, ihre Gespräche zu beenden, ehe es zu spät ist. Paulus ging hin, um sich von allen zu verabschieden. Verrückt, nicht wahr? Aber er läßt sich durch nichts aufhalten. Nur mit Mühe konnten wir ihn daran hindern, geradewegs ins Theater zu laufen und sich der wütenden Menge in die Hände zu liefern! Er, unser Vater in Christo! Gajus und Aristarchus fielen der Menge in die Hände und retteten mit knapper Not ihr Leben. Sie sind völlig zerschlagen. Aber da sie kräftige Männer sind, wird ihnen das nicht viel ausmachen. Auf jeden Fall müssen sie mit Paulus die Stadt verlassen und auf der Küstenstraße nach Mazedonien wandern, noch ehe der Morgen dämmert. Nach Tagesanbruch kommen sie niemals lebendig am Tempel vorbei. Sie sagten, daß sie kurz nach Mitternacht noch einmal hereinschauen wollten, um Reiseproviant mitzunehmen. Bleib nur hier, mein Junge, und ruh dich aus. Du siehst aus, als ob du es nötig hättest."

Nur zu gern gehorchte er. War sein Herr wirklich in der Schule, dann gab es keinen Anlaß, ihm dorthin zu folgen. War er aber nicht dort, dann wußte Onesimus nicht, wo er ihn sonst noch hätte suchen sollen. Außerdem war er viel zu müde, um noch ein Glied regen zu können. Der Wein war stark und süß gewesen. Bald sank er in einen barmherzigen Schlummer. Endlich durfte er vergessen - wenigstens für eine kurze Zeitspanne. Priscilla deckte ihn mit einer Decke zu, bat den Herrn, diesen Jungen mit seinem Geiste zu erleuchten und machte sich wieder an ihre Arbeit.

Einige Stunden später wachte er unvermittelt auf. Es war immer noch dunkel, obwohl gerade der erste Hahn gekräht hatte. Der Raum war voll flüsternder Männer. Aber Philemon befand sich nicht unter ihnen.

Onesimus spähte über den Saum seiner Decke hinweg und beobachtete ihre Gesichter im Lampenschein, wie sie hastig ihre letzten Vorbereitungen zur Flucht trafen. Gajus war auch dabei. Er trug einen Verband um den Kopf, und Aristarchus hatte ein geschwollenes Gesicht. Ungeduldig schienen die beiden auf den Aufbruch zu warten. Mit Wanderstäben in den Händen, die Gesichter in rauhen Kapuzen verborgen, hielten sie sich bereit, Paulus durch den gefährlichen Tempelbezirk zur Küstenstraße zu geleiten.

„Ist Philemon aus Kolossä nicht bei euch?" fragte Priscilla. „Sein Sklave hat ihn hier gesucht. Dort drüben schläft er."

„Er ist nicht gekommen", sagte Paulus traurig. „Wie habe ich mich danach gesehnt, ihm Lebewohl zu sagen! Was kann denn nur geschehen sein, daß er heute nacht ferngeblieben ist?"

Unter all diesen unruhigen Menschen schien allein Paulus keine Eile zu kennen. Er trat zu Onesimus' Lager, sah auf ihn herab und betrachtete ihn freundlich.

„Sag deinem Herrn, daß ich ihn gesucht und mich nach ihm gesehnt habe", sprach er. „Sag ihm, daß ich ihn Gott, dem Vater und der Gnade unseres Herrn Jesus Christus anbefehle; sag ihm, daß ich immer für ihn bete, er möge durch Gottes Geist stark werden am inwendigen Menschen. Bitte ihn, das Evangelium in sein Tal zu tragen, das mein Fuß noch nie betreten hat. Und du, mein Sohn . . ."

Er vergaß Zeit und Ort. All sein Sinnen beschäftigte sich mit seinem neugeborenen Kind im Glauben, das nicht gekommen war. Die Wartenden wurden immer unruhiger, denn die Dunkelheit fing bereits an, sich zu lichten, und Gajus und Aristarchus fielen ja durch ihre Größe besonders auf. Priscilla legte ihre Hand auf den Arm des geliebten Lehrers.

„Unser Vater in Christo", sprach sie mit fester Stimme, „die Hähne krähen schon überall in der Stadt."

Paulus lächelte die brave Frau an, die ihm schon seit über zwei Jahren so treu zur Seite gestanden hatte. Sie war mit ihm durch dick und dünn gegangen, hatte ihm gedient, ihn gespeist und für ihn gesorgt. Abgemüht hatte sie sich mit den Neubekehrten und Tag und Nacht hart gearbeitet, um die Evangelisten auszubilden, welche die Frohe Botschaft durch ganz Kleinasien tragen sollten. Und jetzt hatte sie die ganze Nacht hindurch gepackt und versorgte die Scheidenden mit Reiseproviant für mindestens drei Tage. Paulus wandte sich dem schlafenden kleinen Levi zu, um ihn zu segnen; doch da fühlte er sich auch schon sanft durch die Tür geschoben. Das graue Dämmerlicht des nahenden Tages erfüllte schon die Straßen. Kein Augenblick war mehr zu verlieren. Paulus wollte die treue Hausmutter noch einmal segnen, aber da war sie schon ins Haus zurückgetreten und hatte die Tür hinter sich geschlossen, damit es nicht noch eine Verzögerung gäbe. Sie sank neben dem Webstuhl nieder, an dem Paulus gearbeitet hatte, vergrub ihr Gesicht in den Händen und fing an zu weinen.

„O Vater im Himmel, behüte sie auf ihrer Reise! Erhalte deine Gemeinde in dieser Stadt, und bring meinen lieben Mann Aquila sicher heim!"

Dann trocknete sie ihre Tränen und ließ Onesimus hinaus auf die Straße, nachdem sie ihn ermahnt hatte, den Abschiedsgruß des Apostels an seinen Herrn nicht zu vergessen. Er lief um die nächste Ecke und blickte hinunter aufs Meer, aber heute durfte er keinen strahlenden Sonnenaufgang erleben! Grauer Nebel hüllte alles ein, und plötzlich mußte er daran denken, wie sein Herr neulich in der Morgenkühle seinen Mantel um ihn geschlagen hatte. Hastig rannte er die Hafenstraße entlang. Er sehnte sich danach, zu seinem Herrn zurückzukehren und fürchtete sich gleichzeitig davor; denn würden ihm aus den Fenstern nicht Trauergesänge und Totenklagen entgegenhallen? Doch die Haustür war noch immer verschlossen und das Haus leer.

Wo war Philemon? War er am Ende auch tot? Und wo war Hermes? Waren sie denn alle gestorben? In plötzlicher Angst hämmerte er so heftig mit den Fäusten gegen die Haustür des Nachbarn, daß die ganze Familie gähnend und verschlafen angelaufen kam.

„Mein Herr!" schrie Onesimus, bevor sie aussprechen konnten, was sie von ihm hielten. „Wißt ihr, wo er hingekommen ist? Ich kann ihn nicht finden!"

„Deswegen brauchst du doch nicht unsere Tür einzuschlagen", knurrte der Hausbesitzer. „Zufällig weiß ich sogar, wo dein Herr ist, und er hat auch eine Botschaft für dich hinterlassen. Sein Sohn wurde bei den Straßenunruhen verletzt und ins Hospital über dem Marktplatz gebracht. Dein Herr ist bei ihm. Er sagte, du solltest ihn dort aufsuchen."

Onesimus' Erleichterung war groß. Ein Hospital war für die Lebenden da und nicht für die Toten! Konnte es sein, daß . . .? Er wagte nicht den Gedanken zu Ende zu denken, damit er nachher nicht enttäuscht würde. Hoffnung beflügelte seine Schritte, als er über den Marktplatz eilte und den Hügel im Süden der Stadt erklomm. Und als er da so lief, stieg die Sonne hinter den Bergrücken hoch und tauchte die Marmorsäulen, Tempel und andere Bauwerke in rosiges Licht.

Leben! Leben! Seine Erleichterung war so groß, daß er gar nicht an die Möglichkeit von Leiden und Schmerzen oder gar Verkrüppelung dachte, die vielleicht schlimmer sein könnte als der Tod. Ohne Schwierigkeit fand er das Hospital. Den Türhüter stieß er fast zur Seite, als dieser ihn fragte, was er hier wolle. Er wollte nur so rasch wie möglich zu seinem Herrn. Einen Augenblick später stürzte er in die ruhige Halle, wo mehrere Verletzte der Straßenkämpfe lagen. Eine Frau saß weinend neben einem zarten Kind, und ein alter Mann lag so still da, als schliefe er. Onesimus hielt jäh inne. Seine Freude schwand dahin, als er Philemon und Hermes bewegungslos neben einem Lager in der Ecke sitzen sah.

Der Kopf des Verwundeten trug einen blutigen Verband; sein Gesicht war weiß wie eine Wand. Die Männer an seiner Seite schienen nur noch auf seinen Tod zu warten. Draußen war soeben die Sonne aufgegangen, und die Finsternis der Nacht war dahin. Onesimus warf sich zu den Füßen seines Herrn nieder und blickte flehentlich zu ihm empor. Philemon lehnte sich vor.

„Geh zum Haus des Webers", sprach er, „und bitte Paulus herzukommen. Sag ihm, mein Sohn sei schwer verwundet."

„Aber er ist fort!" unterbrach ihn Onesimus. „Noch vor Tagesanbruch zog er fort auf der Straße nach Mazedonien. Ich sah ihn scheiden."

Da sprang Philemon auf. „Fort!" wiederholte er. „Und ich habe ihn nicht mehr gesehen und ihm nicht Lebewohl gesagt! Oh, warum mußte das sein? Er hätte Archippus heilen können. Man sagt, sogar seine Gewänder und Taschentücher seien heilkräftig gewesen. Auch böse Geister hat er ausgetrieben. Und nun ist er fort!"

„Aber Jesus, den er uns verkündigt hat, ist noch da." – Beim Klang der Stimme hatte Archippus die Augen aufgeschlagen. Schwach, aber deutlich waren seine Worte zu vernehmen. „Er wird uns nicht verlassen. Das wurde mir klar, als ich zu Boden gestoßen wurde. Ich schrie zu Jesus, und da kam er zu mir. Wenn ich sterbe, werde ich ihn wiedersehen, so, wie ich ihn in jenem

Augenblick sah." – Er sprach mühsam. Um seine Schmerzen zu lindern, hatte man ihm Wein und Myrrhe zu trinken gegeben. Jetzt schien ihm alles so weit entfernt. Nur Jesus war gegenwärtig, der zu ihm gekommen war und ihn aufgehoben hatte, als er unter den Füßen der Menge lag. Die Arme des Aristarchus und die Arme Jesu – waren sie nicht ein und dasselbe? Lebte Jesus nicht in den Seinen, und handelte er nicht durch sie? Aber das begriff Archippus erst viel später. An jenem Tag wußte er nur, daß Jesus Christus selber seinen Notschrei gehört, sich niedergebeugt und ihn vor der Pforte des Todes errettet hatte.

Sein Vater beugte sich über ihn und sprach leise etwas. Archippus schloß die Augen und schien wieder das Bewußtsein zu verlieren. Aber er war unruhig. Nach einer Weile fing er wieder an zu reden.

„Vater! Onesimus! Ich muß es euch sagen! Ich kann nicht sterben mit dieser unvergebenen Schuld. Ich war es, der Plautus an jenem Tag in Kolossä die goldene Kette gestohlen hatte, und ich ließ es zu, daß Onesimus wegen meiner Sünde mit Ruten gezüchtigt wurde."

Einen Augenblick lang war es still. Dann sprach Philemon langsam, doch mit fester Stimme: „Da Jesus für deine Sünde gelitten hat und dafür gestorben ist, ist sie dir vergeben, mein Sohn. Er trug sie; er machte Frieden durch sein eigenes Blut."

„Ja, das weiß ich", flüsterte Archippus. „Aber ich möchte, daß auch ihr mir vergebt."

„Was mich betrifft, ich vergebe dir, mein Sohn", sagte sein Vater.

Doch Onesimus dachte an die Rutenschläge und schwieg.

10

Archippus' Kopfwunden heilten bald, denn er war jung und stark. Doch ein Bein war gebrochen und übel zugerichtet worden. Er mußte viel leiden unter den Händen der Chirurgen und Knocheneinrichter. Wochen vergingen, ehe er das Bett verlassen konnte, und dann wurde es allen klar, daß er niemals wieder würde gehen können wie zuvor, denn sein Bein blieb verkrüppelt und war kürzer als das andere.

Hermes wurde nach Kolossä gesandt, um Apphia zu benachrichtigen. Onesimus pflegte seinen jungen Herrn Tag und Nacht. Archippus ganzes Wesen änderte sich nicht in einem Tag. Seine Leiden, seine Hilflosigkeit und die ständig zunehmende Hitze machten ihn oft reizbar und übellaunig. Und doch war da ein Unterschied. Er schien jetzt zu erkennen, daß Onesimus ein Mensch mit einer eigenen Seele und mit eigenem Lebensrecht war – nicht nur sein Besitztum, zu keinem andern Zweck geboren, als ihm zu dienen und für ihn dazusein.

Onesimus war oft verwundert und verwirrt über die Demut, die Freundlichkeit und die Dankbarkeit seines jungen Herrn und über seine Reue, wenn seine Leiden ihn schwierig und ungeduldig machten. Er wußte kaum noch, wie er sich verhalten sollte und war froh, wenn er hinunter an den Strand im Süden der Stadt laufen konnte. Dort stürzte er sich in die Wogen des glitzernden Ägäischen Meers und schwamm weit hinaus. Er genoß mit ganzer Seele die erfrischende Kühle des Wassers und die Kraft seiner Jugend. In solchen Augenblicken vergaß er die quälenden Gedanken, die ihn bedrängten.

„Du bist jung und stark!" schien ihm das blaue Wasser zuzuflüstern. „Dies Erdenleben ist schön. Tod und Gericht sind weit, weit fort. Freue dich dessen, was du hier hast, denn der schmale Weg, der zum ewigen Leben führt, ist nichts für dich. Archippus hat einen hohen Preis dafür bezahlt; du könntest es nicht. Also iß, trink und sei fröhlich, liebe die Sonne und das Meer, und bete die Schönheit der Erde an!"

Philemon und seinem Sohn wurde die Zeit in Ephesus nicht lang, denn die kleine Christengemeinde scharte sich um sie. Priscilla wurde die treue Pflegerin des kranken Jungen. Sie kochte ihm appetitanregende Gerichte und verband seine Wunden. Vom Morgen bis zum Abend versammelten sich kleine Gruppen von Christen um sein Bett. Während der langen, heißen Sommertage erzählten sie ihm von Jesus: von den alten jüdischen Prophezeiungen, die auf ihn hinwiesen, von seiner armseligen Geburt, seinem reinen und vollkommenen Leben, seinem Sühnetod und von seiner Auferstehung, von der Ausgießung des Heiligen Geistes zu Pfingsten auf die Gemeinde und von der Heilsbotschaft, die sie nun weitertragen sollten.

Für die Kaufmannsgilde hatte Philemon kein Interesse mehr. Sein Landgut mit der Schafzucht gedieh auch ohne ihn. Sein Lebensziel war es fortan, seinem Heimattal die Frohe Botschaft zu bringen und beim Aufbau der Gemeinde Jesu in Kolossä, Laodizea und Hierapolis mitzuhelfen. Vielleicht durfte er später sogar Epaphras auf seinen Reisen in den Norden begleiten, nach Sardes, Pergamus oder den andern Städten Kleinasiens. Sein Herz brannte in der ersten Liebe zu seinem Herrn. Oh, wieviel gab es noch für ihn zu lernen, wenn er einmal andere führen und leiten sollte! Oft saß die kleine Christenschar bis in die Nacht hinein beisammen und blickte empor zu den Sternen und den weiten himmlischen Räumen, durch die ihr Geist schweifte.

Oft sprachen Besucher aus anderen Teilen des Landes vor. In Ephesus hielten nämlich die meisten Schiffe an, weil dort drei große Handelsstraßen zusammenstießen.

Auf diese Weise bekam der kranke Archippus vieles zu hören. Wenn die Geschichte nicht so spannend war, daß sie ihn wach hielt, schlief Onesimus gewöhnlich während dieser Gespräche ein. An der Ausbreitung des Evangeliums nahm er ja keinen Anteil. Außerdem beschäftigte er sich in Gedanken mit wichtigen Plänen für die eigene Zukunft. Hermes war nicht zurückgekehrt, da er die Heuernte auf dem Gut beaufsichtigen mußte. Daher übertrug Philemon Onesimus immer mehr Verantwortung. Zu den Aufgaben des jungen Sklaven gehörte es, täglich auf dem Markt zum Einkaufen zu gehen, und er merkte, daß sein Herr, der von Christi Herrlichkeit träumte, nicht genau den Preis jeder Melone und jedes Bratenstücks nachprüfte. Die Münzen, die er entwendete, waren nicht viel wert, aber er war ja noch jung. Der Münzenberg würde mit der Zeit schon anwachsen. Er mußte nur geduldig sein und sehr, sehr vorsichtig vorgehen. Seine Zeit, da er in Freiheit lebte, würde schon noch kommen.

Es war Hochsommer, als Archippus endlich nach Hause gebracht werden konnte. Die Hitze erschwerte die Reise sehr. Philemon mietete einen Planwagen, der von Ochsen gezogen wurde. Der verkrüppelte Junge wurde hineingebettet. Er sah blaß und abgezehrt aus und sehnte sich nach seiner Mutter und nach der kühleren

Luft der Hochebene von Kolossä. Trotzdem fiel ihnen der Abschied von den Freunden in Ephesus schwer. Viele begleiteten sie auf ihrem Wege, als sie in der Morgendämmerung aufbrachen. Noch einmal wandten sie sich um und warfen einen letzten Blick auf die schlafende Stadt mit ihren weißen Dächern, bevor sie in das sandige Tal hinabstiegen, dessen warme Luft so stark nach Kiefern und Wacholder roch. Schließlich führte der Weg an fruchtbaren Weiden im Flußtal entlang. Allmählich wurde es hell. Immer weiter zogen die Freunde mit. Sie wollten sich nicht trennen: Aquila mit dem kleinen Levi, der fröhlich auf den Ochsen ritt, Onesiphorus, Epaenetus und all die andern Brüder im Herrn, die sie mit jener tiefen, neuen Liebe, die der Heilige Geist wirkt, zu lieben gelernt hatten.

Die Sonne stieg eben über die Berge, die das vor ihnen liegende Tal umschlossen. Die Sonnenblumen und Mohnblumen öffneten sich ihren Strahlen, und die jungen Getreidehalme leuchteten grüngolden auf. Endlich machten sie unter ein paar Pappeln halt und sangen das Lied, das Paulus sie gelehrt hatte:

„Wenn wir mit Jesus sterben,
werden wir auch mit ihm leben.
Wenn wir mit ihm leiden,
werden wir auch mit ihm herrschen.
Wenn wir ihn verleugnen,
wird er uns auch verleugnen."

Tod und Leiden. Ja, die umgaben sie von allen Seiten wie unheildrohende Gewitterwolken. Doch in seinem jungen Glaubensmut fürchtete Philemon sie nicht. Er reiste heim zu seiner Frau und zu dem großen neuen Abenteuer, das Tal für Jesus zu gewinnen. Unter Gebet und beiderseitigen Segenswünschen schieden die beiden Gruppen voneinander. Philemon und die Seinen zogen fröhlich weiter.

Doch es wurde eine beschwerliche Reise. Die Luft in dem Planwagen war tagsüber erstickend heiß. Die lästigen Fliegen, die drückende Hitze und das Geholper des Wagens quälten Archippus. Er wurde so reizbar und herrisch wie nur je. Onesimus bediente ihn mit starrem, mürrischem Unwillen, der für Archippus schlimmer war als offene Grausamkeit.

Und doch fühlte sich Onesimus nicht unglücklich. Wenn Archippus so unfreundlich und ungerecht war, fiel es ihm nicht schwer, sein wundes Gewissen zu beruhigen. Auch freute er sich auf die Heimkehr. Er war der lärmerfüllten Straßen und des Gewimmels am Hafen zuletzt doch überdrüssig geworden und sehnte sich nach der Stille der Bergwelt, nach den klaren Teichen und Gebirgsflüssen und nach den felsigen Schluchten. Die leuchtenden Mohnblumen am Wegrand, die wogenden noch grünen Getreidefelder, das prächtige Farbenspiel der auf- und untergehenden Sonne und die funkelnden Sterne über den Gebirgskämmen entzückten ihn mit ihrer Schönheit. Er liebte das Reisen. Wie weit war doch die Welt! Sogar jenseits der Grenzen des Römischen Reiches sollte es noch viele Länder geben. Wenn er nur erst frei wäre, dann würde er bis ans äußerste Ende der Welt reisen!

Am vierten Tag spät abends gelangten die Reisenden in ihr Heimattal. Es wurde schon kühler, und sie hofften, das Landgut noch vor Anbruch der Dunkelheit zu erreichen. Diese langen Juniabende waren am besten zum Reisen geeignet. Archippus war gerade vom Schlaf erwacht, lag ruhig auf der Seite und betrachtete die Landschaft, die vom Licht des Spätnachmittags vergoldet wurde. Sein Vater schritt voraus. Onesimus lag hinter ihm im Wagen auf dem Bauch und hatte das Kinn in die Hand gestützt. Sie kamen an den stolzen Befestigungswerken von Laodizea vorbei. Träumerisch blickte Onesimus empor. In welchem Hause lebte wohl die kleine Eirene? Womit mochte sie sich wohl gerade beschäftigen? War sie viel gewachsen? Hatte sie sich sehr verändert? Oder war sie immer noch dasselbe schlichte, fröhliche kleine Mädchen?

In Ephesus hatte er oft an sie gedacht. Er hatte sie immer im Herzen getragen. Doch jetzt wurde es ihm plötzlich klar, was sie ihm bedeutete und was sie aus ihm gemacht hatte. Der Gedanke an ihre Unschuld und Reinheit hatte ihn damals im Tempel sofort erkennen lassen, daß die Verehrung der Göttin Artemis gemein und abscheulich war. Ihre junge, schlanke, stolz aufgerichtete Gestalt hatte ihm gezeigt, daß Leben und Jugend etwas Herrliches waren; ihre innere Schönheit hatte seine Augen geöffnet für die Schönheit rings um ihn her, für die Blumen am Wegesrand und die leuchtenden Farben des Himmels. Er sehnte sich sehr nach ihr und faßte den Entschluß, sie so bald wie möglich wiederzusehen.

„Es tut mir so leid, Onesimus!" Archippus' bittende Stimme unterbrach seine Gedanken. Er hatte gar keine Lust, gerade jetzt über Archippus und dessen Nöte nachzudenken. Aber es war doch wohl besser, ihn anzuhören. Er blickte den Gefährten an und versicherte ihm, alles sei in bester Ordnung.

„Nein, nichts ist in Ordnung", sagte Archippus traurig. Die Reise hatte ihn erschöpft, und er trug schwer an seinem eigenen Versagen. Er wäre doch so gern tapfer gewesen! „Ach, Onesimus", seufzte er, „ich wünschte, du wärst auch ein Christ. Dann würdest du mich verstehen und für mich beten, anstatt mich zu hassen, wenn ich grob und unfreundlich zu dir bin. Jesus hat uns gelehrt, geduldig zu leiden, aber ich bringe das nicht fertig."

Onesimus starrte ihn an. Er konnte diesen neuen Archippus nicht verstehen. „Ich hasse dich gar nicht", leugnete er unbeholfen. „Du tust mir nur leid. Vielleicht empfinden wir beide manchmal Ähnliches. Dich hält dein Leiden umklammert und mich die Sklaverei. Doch eines Tages wird dich vielleicht dein Jesus oder dein Paulus heilen. Man sagt doch, er hätte schon viele Wunder vollbracht. Und ich werde mir vielleicht eines Tages meine Freiheit erkaufen können. Es besteht also Hoffnung für uns beide."

„Fällt es dir denn so schwer, ein Sklave zu sein?" fragte Archippus sanft. Darüber hatte er bisher noch nie nachgedacht. „Ich glaube, wenn du ein Christ wärst, würde es dir nicht soviel ausmachen. Aquila sagte immer, für die Menschen, die in Jesus sind, gäbe es weder Sklaven noch Freie. Paulus lehrte uns, Christi Joch in Demut zu tragen und mit unserem Los zufrieden zu sein, wie ja auch Paulus alles geduldig erträgt: Gefängnis, Schläge, Hunger, Durst und Gefahren. Aber Onesimus, möge Gott mir verzeihen und möge der Herr sich meiner erbarmen – ich bin leider nicht zufrieden mit meinem Los!"

„Ich auch nicht", erwiderte Onesimus mürrisch. Er hatte nicht die geringste Absicht, sein Joch in Demut zu tragen oder mit seinem Los zufrieden zu sein. Er tastete nach den Münzen auf der Innenseite seines Gürtels und lächelte still in sich hinein. Eines Tages würde sein Los sich wenden.

11

Onesimus' Entschluß, Eirene bald zu besuchen, erwies sich als schwer durchführbar, da Philemons Freundschaft mit Polemon ein jähes Ende fand.

Einige Tage nachdem die Reisegesellschaft aus Ephesus daheim angelangt war, kam Polemon zu einer geschäftlichen Besprechung herüber. Auch nach der Gilde wollte er sich bei dieser Gelegenheit erkundigen. Da erklärte ihm Philemon, daß er ihr nicht hätte beitreten können. Wie konnte er als Christ an ihren Festen teilnehmen, dabei den Götzen geopfertes Fleisch essen und sich durch Götzenopfer der Bruderschaft verpflichten? Er erzählte Polemon von Jesus, und das ärgerte den reichen Kaufmann über alle Maßen. Schnell verließ er das Haus und sagte wütend, er wolle nicht die Gastfreundschaft eines Wahnsinnigen genießen. Trotzdem kaufte er auch weiterhin Philemons Wolle; sie war nämlich die beste im ganzen Tal.

Während der heißen Erntezeit widmete sich Philemon ganz der Arbeit auf seinem Landgut. Epaphras blieb derweil in Kolossä. Onesimus lief unermüdlich zwischen der Tenne, der Kelter, den Olivenhainen und Archippus hin und her. Obwohl Archippus sich immer mehr nach seiner Gesellschaft sehnte, brauchte er ihn jetzt doch nicht mehr so nötig. Erstens hatte er gelernt, an einer Krücke zu gehen; zweitens wetteiferten seine Mutter und die kleine Pascasia darum, ihm zu helfen und ihn zu bedienen. Außerdem hatte er angefangen, die jüdischen Schriften zu studieren und nahm schon jetzt den Platz eines Lehrers ein.

Allabendlich, wenn das Tagewerk vollbracht und die Dämmerung hereingebrochen war, fanden sich still und verstohlen allerlei Leute aus der Stadt und von den Viehweiden bei Philemon ein. Eine bunt zusammengewürfelte Schar versammelte sich da in der Säulenhalle. Hirten und Schnitter, die nach Vieh und Acker rochen, müde Sklaven, Frauen und kleine Kinder, würdige Kaufleute und eine Gruppe vertriebener Juden. Unter ihnen befanden sich zwei oder drei durchdringend blickende Rabbiner mit Schriftrollen unter dem Arm. Diese Rollen waren bisher für sie nichts weiter als alte Geschichten verstorbener Männer und ehrwürdige Worte aus längst vergangener Zeit gewesen, bis sie plötzlich entdeckt hatten, daß ihnen Jesus auf jedem Stückchen Pergament entgegenleuchtete. Jetzt brüteten sie jeden Abend darüber, spürten die genaue Vorankündigung seines ersten Kommens auf und fanden neue, lebendige Erklärungen für Worte, die bisher für sie tot gewesen waren. Die Sklaven, die Arbeiter und die Mütter schlüpften dann bald wieder hinaus. Doch Philemon, Epaphras und die Rabbiner setzten ihre Gespräche manchmal solange fort, bis die Sterne am Himmel verblaßten.

Zu jener Zeit gab es noch keinen nennenswerten Widerstand gegen das Evangelium im Lycustal. Jedermann war damit beschäftigt, die Ernte einzubringen. Die Rabbiner wurden zwar aus ihren Synagogen gewiesen, weil sie angeblich Irrlehren verbreitet und Umgang mit unreinen Heiden gepflegt hatten. Aber das machte ihnen nicht viel aus. Sie fühlten sich durch die Liebe Jesu hingezogen zu diesen „unreinen Heiden". Philemon war hoch angesehen in Kolossä und durfte tun, was ihm beliebte. Aber aus anderen Städten, wo Epaphras das Evangelium verkündet hatte und wo kleine Gemeinden entstanden waren, hörte man von Verfolgungen.

„Die Oliven sind eingebracht, die Ernte ist beendet", sagte Epaphras eines Nachmittags, als er mit Philemon in der Herbstsonne saß. „Ich möchte gern, daß du mich auf meiner Reise nach Norden begleitest. Wir wollen unsere leidenden Brüder ermutigen und ermahnen."

„Und wer wird für die Gemeinde hier sorgen?" fragte Philemon.

Epaphras' Blick ruhte gedankenvoll auf Archippus, der ein wenig abseits saß und zuchtvoll den Wunsch unterdrückte, die beiden auf ihrer Reise zu begleiten. – „Ich glaube, du, Archippus, könntest mit Hilfe der Rabbiner dieses Amt übernehmen", sagte er. „Du bist zwar noch jung, doch der Herr hat schon sehr an dir gearbeitet und dir bereits viel Erkenntnis gegeben."

„Wie, ich?" – Archippus sah auf und errötete vor Freude über die Worte des alten Mannes. „Aber Epaphras, ich weiß doch noch so wenig!"

„Der Heilige Geist wird euch alles lehren und euch an alles erinnern, was ihr gelernt habt", zitierte Epaphras. „Das waren Jesu eigene Worte. Und ihr habt ja die Schriftrollen. Also, verwaltet euer Amt gut!"

Er lächelte den erstaunten Jungen an und wandte sich wieder Philemon zu. Onesimus, der den Tisch abräumte, hörte gespannt zu.

„Laodizea wollen wir nicht besuchen", erklärte Epaphras. „Die Christen, die sich dort im Hause des Nymphas treffen, sind überwiegend reich und geachtet und scheinen keine Hilfe nötig zu haben. Die Gemeinde in Hierapolis steht fest im Glauben. Auch die Christen in Philadelphia sind standhaft, aber in Sardes laufen sie Gefahr, Kompromisse zu machen. Die Straßen dieser Stadt quellen über von Gold; Laster und Leichtsinn feiern Triumphe. Ich bitte Gott, daß die Christen dort treu und unbeugsam ihren Weg mit Jesus gehen. In Thyatira sind sie von den Gilden ausgeschlossen worden und leben in tiefer Armut. In Pergamus und Smyrna, wo das tägliche Opfer für den Kaiser Nero Zwang ist, stehen sie ständig in Todesgefahr, weil man sie als Staatsfeinde zu verunglimpfen sucht. Ja, da hilft nichts, wir müssen fort. Morgen früh brechen wir auf."

Die beiden Männer zogen am nächsten Morgen ins Tal hinunter. Sie hatten Wanderstäbe in den Händen und ein Bündel auf dem Rücken. Sklaven oder Diener nahmen sie nicht mit. Apphia und Archippus übernahmen die Führung des Hauswesens. Onesimus fing insgeheim an, Pläne zu schmieden, wie er für einen Tag entwischen könnte, koste es, was es wolle! Da kam ihm ein glücklicher Umstand zu Hilfe.

Pascasia hatte draußen gespielt und in den Hecken am Feldrain Beeren gepflückt. Dabei war ihr irgendein giftiger Saft in die Augen gekommen. Weinend kam sie hereingelaufen. Ihre Augen waren entzündet, und am Abend konnte sie kaum noch sehen. Apphia war sehr besorgt.

„Hermes muß morgen früh hinüberlaufen nach Laodizea", sagte sie, „und dort Augensalbe kaufen. Onesimus, geh und sag ihm, daß er noch vor Tagesanbruch aufbrechen soll, und gib ihm das Geld."

Onesimus blieb draußen stehen und überlegte. Was sollte er tun? Hermes angreifen? Ihn niederschlagen? Nein, er wollte lieber keine Gewalt anwenden, sondern ihn zu überreden versuchen. Er eilte heim und holte die kleinste seiner kostbaren Münzen aus ihrem Versteck.

Dann suchte er Hermes auf, der gerade die Ställe säuberte.

„Hermes", begann er und hielt ihm die Münze hin, „schau mal, was ich dir geben will, wenn du morgen krank bist!"

Hermes starrte ihn an, und der Mund blieb ihm offenstehen. Dann schielte er begehrlich nach der Münze. „Woher hast du die?" fragte er argwöhnisch.

„Das braucht nicht deine Sorge zu sein! Ich habe sie mir in Ephesus verdient. Dafür kannst du dir ein Töpfchen Honig kaufen, Hermes! Der Honig wird dich noch dicker machen! Aber du mußt dafür so krank werden, daß du morgen nicht nach Laodizea gehen kannst. Das will ich nämlich an deiner Stelle tun."

Hermes betrachtete sich unschlüssig dieses unverschämte junge Hähnchen, das da so ungeduldig herumhüpfte, weil der ältere Mann so schwer von Begriff war. Hermes war dick und faul und hatte gar keine Lust, nach Laodizea zu laufen. Außerdem hatte er seit Jahren kein Geldstück mehr besessen. Aber er war nicht sicher, ob er es fertig bringen würde, sich krank zu stellen, war er doch nie in seinem Leben krank gewesen!

„Du mußt stöhnen, Hermes!" drängte ihn Onesimus. „Würgen mußt du und dich erbrechen! Sag, du hättest dir den Magen verdorben und jammere, so laut du nur kannst! Das wird dir jeder glauben. Bis sie die Wahrheit entdeckt haben, bin ich schon auf halbem Wege nach Laodizea."

„Und ich werde Prügel kriegen", murmelte Hermes. Aber der Anblick der Münze war so verlockend und die Aussicht auf den langen Marsch so unerfreulich, daß er schließlich in den Plan einwilligte. Außerdem erinnerte er sich plötzlich, daß Philemon ja fort war und Apphia gegen die Prügelstrafe war.

Onesimus ließ sich auf kein Risiko ein. Schon vor Sonnenaufgang, während alle noch in tiefem Schlaf lagen, machte er sich auf den Weg. Er ließ nur eine Botschaft zurück, daß Hermes in der Nacht sehr krank gewesen sei, und daß er, Onesimus, an seiner Stelle die Reise angetreten hätte.

Als das Landgut seinen Blicken entschwunden war, konnte er sein Glück noch immer kaum fassen. Jetzt war er fort, jetzt konnte ihn niemand mehr zurückhalten. Er hüpfte und sang und geriet ganz außer Rand und Band vor Freude. Hatte er nicht einen ganzen freien Tag vor sich? War er nicht auf dem Wege zu dem Kind aus der Bergschlucht?

Im Überschwang seiner Gefühle dachte er gar nicht daran, daß seine Pläne auch fehlschlagen könnten. Er dachte auch nicht an die Schwierigkeiten, die einem Sklaven entgegenstanden, um mit einer sorgsam behüteten kleinen Dame wie Eirene sprechen zu können. Nein, heute würde ihm nichts mißlingen!

Die Sonne ging gerade auf, als er die niedriger gelegene Ebene überquerte. Aber ihre herbstlichen Strahlen brannten nicht mehr, sondern erwärmten und belebten ihn. Die ganze Landschaft um ihn her glänzte golden und silbern: dunkelgoldene Pappeln und Walnußbäume und blaßgoldene Stoppelfelder, silbern schimmernde Olivenbäume und der silberne Fluß unten im Tal. Den Weg hatte er rasch zurückgelegt. Als er die Tore von Laodizea erreichte, war es immer noch Morgen. Die Stadt kam ihm groß und prächtig vor, beinahe wie Ephesus.

O ja, Laodizea war eine schöne Stadt! Nach einem Erdbeben vor vierzig Jahren war sie völlig neu aufgebaut worden. Breite Straßen, drei schöne, neue Theater und ein Gymnasium waren der Stolz seiner Bewohner. Die

Stadt war reich; über sie liefen die Bankgeschäfte für ganz Kleinasien. Außerdem war sie ein Zentrum der Wollindustrie. Die Tuchstoffe, die man in den Fabriken von Laodizea herstellte, wurden in das ganze Römische Reich versandt. Onesimus ging geradewegs zum Apotheker und kaufte ein Gefäß mit der weltbekannten Augensalbe von Laodizea. Nachdem er diesen Auftrag ausgeführt hatte, machte er sich auf, Eirenes Heim zu suchen.

Das war nicht weiter schwierig. Die Weber in den Tuchfabriken kannten Polemon, und einer von ihnen zeigte Onesimus das große, herrschaftliche Gebäude aus Marmor oben auf dem Hügel. Erst als er das äußere Tor erreicht hatte und das schöne Haus mitten in dem großen Garten liegen sah, wurde es Onesimus klar, wie töricht der Gedanke war, er könne Eirene jemals erreichen.

Und doch konnte und wollte er sein Vorhaben nicht aufgeben. Wenn er doch nur ein wenig näher an das Haus herangelangen könnte! Plötzlich fuhr ihm ein kühner Gedanke durch den Kopf. Mit hoch erhobenem Haupt schritt er geradewegs zur Tür. „Herr Philemon aus Kolossä sendet Herrn Polemon in Laodizea seine besten Grüße", meldete er dem Torhüter mit fester Stimme. „Er läßt ihm bestellen, daß der nächste Ballen Wolle bald abgeschickt werden wird. Auch möchte er gern wissen, wie es ihm und seiner Tochter, der Herrin Eirene, gesundheitlich geht."

„Teile ihm mit, daß Herr Polemon nach Thyatira geritten ist, um Purpurfarbe zu kaufen", erwiderte der Torhüter. „In zwei Tagen wird er zurück sein. Ihm und seiner Tochter geht es wohl."

Nun, da blieb eigentlich nichts mehr übrig, als sich umzudrehen und fortzugehen; aber wenn Polemon nicht zu Hause war, konnte er sich ja ruhig Zeit lassen. Langsam schritt er wieder auf das äußere Tor zu und blickte über die Schulter nach dem prächtigen Haus zurück. Auf einmal, als er in den Garten spähte, gewahrte er sie. Unter einem Maulbeerbaum sammelte sie Maulbeeren in einen Korb.

Wie damals bei ihrer ersten Begegnung, so erblickte er sie auch jetzt eine Minute früher, als sie ihn bemerkte. Sie hatte sich nur wenig verändert. Sie war immer noch schlank, wenn vielleicht auch etwas größer geworden. Das dunkle Haar hing ihr noch immer lose um das Gesicht und über die Schultern. Sie sah ernst aus, und es war ein Hauch von Einsamkeit um sie. Klein und zerbrechlich wirkte sie, als sie sich zu einem starken Ast emporreckte. Da warf Onesimus alle Scheu und alle Vorsicht beiseite und eilte durch das Gras auf sie zu.

Sie sah rasch auf, und der ernste Ausdruck auf ihrem Gesicht verschwand. Sofort erkannte sie ihn wieder und strahlte vor Freude.

Wie konnte sie ihn auch je vergessen? Hatte er nicht die Rolle des Helden in dem einzigen Abenteuer gespielt, das sie je in ihrer eintönigen, einsamen Kindheit erlebt hatte? Seit dem Tode ihrer Mutter waren alle Tage gleich gewesen: Essen, Unterricht, Sticken und höchstens mal ein Spaziergang unter Aufsicht oder eine Stunde Spielen im Garten. Aber nachts, wenn sie im Bett lag und ihrer Kinderfrau und ihrem Vater gute Nacht gesagt hatte, eilten ihre Gedanken zurück zu der Bergschlucht bei Kolossä. Zwischen Wachen und Träumen kletterte sie immer höher hinauf, zusammen mit dem Jungen, bis dorthin, wo Blumen von unvorstellbarer Schönheit an glitzernden Flüssen blühten.

Manchmal waren die Felsbrocken zu hoch und der Pfad zu steil für sie. Dann reichte der Junge ihr die Hand und half ihr weiter. Und der Weg wurde immer schöner, je weiter sie voranschritten. Den Gipfel erreichten sie nie, auch nicht in ihren Träumen. Doch eines Tages würden sie bestimmt gemeinsam auf die andere Seite des Berges hinunterschauen.

Sie lernte brav und fleißig und tat, was ihr gesagt wurde. Jedermann hielt die kleine Eirene für ein liebes, artiges, kleines Mädchen. Aber ihr Geist lebte weit fort in einem andern Land nahe der Schneegrenze, wo die Flüsse klar und kalt und die Felsen hoch waren, und niemand war ihr je dorthin gefolgt, nur jener Junge, der in ihren Gedanken immer bei ihr war.

Und da stand er nun leibhaftig vor ihr. Nein, es war kein Traum. Er war größer und dünner geworden und sein Gesicht ein wenig kantiger, aber sonst hatte er sich kaum verändert. Er schaute sie noch genauso an wie damals, mit solch einem unternehmungslustigen Funkeln in den Augen. Was bedeutete es schon für sie, daß er nur ein Sklave war? Doch wußte sie wohl, daß andere Leute darüber anders dachten. Besorgt blickte sie zum Haus hinüber.

„Komm mit in den Kräutergarten", flüsterte sie schnell und ergriff seine Hand, wie sie es damals in der Bergschlucht getan hatte. „Dort hinten unter den Zypressen kann uns niemand sehen. Und wenn meine Erzieherin kommen sollte, kannst du geschwind hinter den Büschen verschwinden."

Sie ließen sich zwischen den duftenden Kräutern und Sträuchern nieder, wo die Bienen summten und die Sonne sie warm und golden beschien. Glücklich lächelten sie sich an. „Erinnerst du dich noch an jenen grünen Teich, wo du mich damals gefunden hast?" fragte sie. „Und weißt du noch, wie wütend meine Kinderfrau damals war? Mein Vater entließ sie, weil sie nicht auf mich aufgepaßt hatte. Darüber war ich sehr froh, denn sie war niemals richtig nett zu mir gewesen. Jetzt habe ich eine Erzieherin, und das ist viel besser. Sie kümmert sich nicht weiter um mich, wenn ich nur fleißig meine Aufgaben mache und brav hier im Garten bleibe."

„Ich hatte immer gehofft, du würdest wieder einmal nach Kolossä kommen", sagte Onesimus. „Dann wären wir wieder zusammen in die Felsschlucht hinaufgestiegen. Weißt du noch, wie euer Sklave mich geschlagen hat? Nun, das war mir unser Ausflug wert!"

Eirene wurde plötzlich ernst und nachdenklich. „Wir werden nicht mehr nach Kolossä reisen. Mein Vater wollte mich beim letzten Mal nicht mitnehmen, weil ich damals weggelaufen war. Er kam wütend aus Kolossä zurück. Er glaubt, dein Herr habe den Verstand verloren, weil er Christ geworden ist. Ich hörte, wie er es Molassos, seinem Webmeister, erzählte. Onesimus, seid ihr alle Christen geworden? Bist du auch einer?"

„Nein, damit will ich nichts zu schaffen haben", erwiderte Onesimus. „Mir scheint das eine weichliche Religion zu sein: seinen Feinden vergeben und mit seinem Los zufrieden sein – puh! Ich will das Schlechte bekämpfen und das Unrecht in der Welt rächen; ich möchte auch Geld sparen, um später einmal frei zu werden."

Seine Augen blitzten. Verwirrt schaute sie ihn an. Dann sagte sie zögernd: „Aber die Christen sind so freundlich und gütig. Mein Vater weiß nichts davon, aber wir haben einen alten Schäfer, der Christ ist. Die Christen hier versammeln sich im Hause von Herrn Nymphas. Der Schäfer und seine Frau wohnen in einer Hütte beim Syrischen Tor, wo die Schafweiden sich zum Fluß hinunterziehen. Er weidet die Herde meines Vaters. Bei meinen Spaziergängen mit meiner Sklavin Claudia gehen wir manchmal dorthin. Claudia schaut sich gern die Läden an und läßt mich dann in der Hütte bei Euphron und Antonia. Die beiden sind anders als andere Leute: Sie sind immer so freundlich. Antonia erzählt mir Geschichten von Jesus, ihrem Gott, wie er einen Aussätzigen heilte, ein totes, kleines Mädchen bei der Hand ergriff und wieder zum Leben erweckte und die Kinder zu sich rief, als die andern sie fortschicken wollten."

„Oh, Eirene", sagte Onesimus neckend zu ihr, „ich glaube, du bist selber schon fast eine Christin!"

„N-n-nein", erwiderte Eirene zögernd. „Mein Vater würde mir das nicht erlauben. Er würde zornig werden, wenn ich auch nur davon spräche. Und doch, wenn ich etwas von diesem Jesus höre, dann spüre ich mitunter, daß ich ihn liebhaben könnte. Haben denn Artemis oder Kybele oder Asclepius, unser Gott der Heilkunde, jemals gesagt: ‚Lasset die Kindlein zu mir kommen?' Das hat meines Wissens nur Jesus gesagt."

Ihre Wangen glühten, als sie so sprach, denn sie hatte ihre tiefsten Gedanken bisher noch niemandem mitgeteilt. Onesimus begriff, daß sie ihm ihr Innerstes offenbarte. Er saß ganz still da und wagte kaum zu sprechen. Nichts durfte diesen Augenblick der Wahrheit und des vollkommenen Verstehens trüben. Oh, vielleicht konnte auch er ihr jetzt sein ganzes Herz öffnen!

„Herrin Eirene! Herrin Eirene!" rief plötzlich eine Stimme.

Sie sprang auf und spähte durch die Büsche. Er duckte sich. Dann wandte sie sich zu ihm um. „Alles in Ordnung", sagte sie. „Claudia hat einen anderen Weg eingeschlagen. Sie wird nicht hierher kommen. Aber ich muß jetzt gehen. Warte bis ich im Hause bin und laufe dann hinter den Zypressen dort drüben hinunter bis zum äußeren Tor; du kannst ohne Schwierigkeiten hindurchschlüpfen."

Dann zögerte sie. Wie sollte man dem Jungen Lebewohl sagen, mit dem man in Gedanken immer hoch oben in den Bergschluchten umherwanderte? Plötzlich erhellte eine Erinnerung ihr Gesicht. „Wir treffen uns wieder", sagte sie. „Das haben wir letztes Mal auch gesagt – weißt du noch? Und wir haben uns wirklich wiedergetroffen."

„Gewiß weiß ich das noch", entgegnete Onesimus. „Wie könnte ich es je vergessen? Hu, wie böse deine Kinderfrau war!"

Sie mußten beide lachen, dann warf sie ihr Haar zurück, drehte sich um und lief über den Rasen davon. „Friede sei mit dir, kleine Eirene", rief er leise hinter ihr her. „Eines Tages werden wir uns bestimmt wiedersehen!"

12

Der Winter war schon hereingebrochen, als Epaphras und Philemon zurückkehrten. Freude und Dankbarkeit erfüllten die beiden. Sie wollten sich sobald wie möglich wieder auf den Weg machen, um Jesus dort zu verkündigen, wo sein Name noch nie zuvor gehört worden war. Doch obwohl Archippus und die Rabbiner die kleine Gemeinde zusammengehalten hatten, vermißten doch alle ihre beiden Väter in Christo sehr. Während des Winters wandten sich immer mehr Menschen von den alten Göttern ab, um dem allein lebendigen Gott zu dienen. In zahlreichen Häusern nahm eine Reihe von Sklaven den Glauben ihrer Herren an; darunter auch Onesimus' Mutter.

Als Sklavin geboren, begehrte sie nichts weiter, als mit Leib, Seele und Geist ihrer geliebten Herrin Apphia anzugehören. Das Leben hatte sie hart angefaßt. Ihre Eltern hatten einem brutalen Trunkenbold gehört, in dessen Hause Prügelstrafen an der Tagesordnung waren. Schon als Kind hatte sie die Kreuzigung eines entlaufenen Sklaven mitansehen müssen. Ihre drei ältesten Kinder hatte sie durch Hunger und schlechte Behandlung verloren, und ihr geliebter Mann war an den Folgen einer Prügelstrafe gestorben. Zuletzt war sie zu ihrer jetzigen Herrin gekommen und wollte ihr nur zu gern auf dem neuen Weg des Friedens folgen. An ihrem Verhalten änderte sich nicht viel, denn sie hatte längst den Gehorsam und die Unterordnung gelernt, die von ihr erwartet wurden. Doch für ihren Gemütszustand bedeutete der neue Glaube viel, denn er zerstreute ihre Furcht vor dem Tode und vor einer unbekannten Zukunft. „Kommet her zu mir . . . ich will euch Ruhe geben" – das war alles, was Nerissa von einer Religion erwartete, und durch Jesus wurde ihr diese Ruhe des Herzens geschenkt.

Als der Frühling nahte, der Schnee schmolz und die Gebirgspässe wieder begehbar wurden, kam ein Brief von den Gemeindeältesten aus Ephesus an. Er enthielt Grüße und Nachrichten über Paulus. Er befand sich gerade auf der Reise von Griechenland nach Mazedonien. Von dort wollte er weiter nach Syrien und dann nach Jerusalem, um dort das Pfingstfest zu begehen. Nun hatte er seinen Freunden in Ephesus die Botschaft gesandt, sein Schiff würde in Milet, ungefähr zwanzig Meilen südlich von Ephesus, anlegen. Ob sie wohl kommen könnten, um sich dort mit ihm zu treffen?

Philemon hatte seinen Hausgenossen den Brief laut vorgelesen. Plötzlich bemerkte er, daß Archippus vor ihm kniete und flehend zu ihm aufschaute.

„Vater, willst du mich nicht zu ihm bringen? Noch ist es Zeit. Weißt du nicht mehr, wie du einmal hofftest, er würde mir die Hände auflegen und mich heilen? Petrus und Johannes heilten durch den Namen Jesu in Jerusalem einen Mann, der von Geburt an lahm war, und in Lystra hat Paulus einen Lahmen gesund gemacht. Warum sollte mir das nicht auch geschehen können, Vater? Kann sich Jesu Name an mir nicht ebenso mächtig erweisen wie an jenen Menschen? Oh Vater, laß uns sofort aufbrechen, damit wir nicht zu spät kommen!"

„Wir wollen alle miteinander hinreisen", sagte Apphia. „Pascasia ist blaß geworden im Winter. Die

Seeluft wird ihr guttun. Ich möchte auch so gern einmal den Apostel kennenlernen. Du kannst dem Verwalter Glaucus ruhig die Sorge für die jungen Lämmer und die Frühjahrsaussaat überlassen, wie du es ja früher schon getan hast. Er scheint mir gewissenhaft und vertrauenswürdig zu sein, und seit er Christ geworden ist, dürfen wir in ihm einen Bruder sehen."

Philemon zögerte. Es fiel ihm schwer, daran zu glauben, daß sein Sohn, der sich so mühselig an einer Krücke dahinschleppte, je wieder der stolz aufgerichtete, kraftvolle junge Bursche von einst werden könnte. Ärgerlich kämpfte er an gegen seine mangelnde Zuversicht. Waren bei Gott nicht alle Dinge möglich? Was in Lystra geschehen war, konnte sich das nicht auch in Milet ereignen? Bis ans Ende der Erde würde er reisen, wenn er für Archippus Heilung fände. Wie aber, wenn sein Sohn nun enttäuscht werden würde? In Ephesus hatte es viele Krüppel gegeben . . .

„Vater, wollen wir uns nicht gleich auf den Weg machen?" bat Archippus. „Paulus reist schnell. Wir dürfen nicht zu spät kommen!"

Vier Tage danach machten sie sich auf die Reise. Archippus bemühte sich, seine Aufregung im Zaum zu halten. Zu seinem Leidwesen durfte Onesimus nicht mit. Seine Mutter hingegen sollte Apphia und Pascasia auf der Reise bedienen.

„Wir werden bald wieder zurück sein", sagte Archippus, als er sich von Onesimus verabschiedete. „Ich wünschte, du könntest mitgehen, aber du bist zu Hause unentbehrlich. Wahrscheinlich werde ich als gerader, aufrechter junger Mann zurückkommen – so einer wie du! Dann kann ich meinen Vater begleiten, wenn er die Gemeinden im Norden besucht. Warum schaust du mich so seltsam an, Onesimus? Hat Jesus Christus etwa heute nicht mehr die gleiche Macht wie damals, als er noch auf Erden wandelte? Hat ihn jemals einer vergeblich um Hilfe gebeten? Wenn ich geheilt werde, wirst du dann an Jesus Christus glauben, Onesimus?"

Doch der Sklave wollte nichts versprechen. Warum sollte Archippus nicht wirklich geheilt werden? In Ephesus waren tatsächlich allerlei merkwürdige Dinge geschehen. Er selber könnte vielleicht sogar gegen seinen Willen genötigt werden, mit seinem Verstande zu glauben. Aber den Forderungen dieses Jesus würde er sich niemals unterwerfen! Der Preis war ihm zu hoch.

Der Verwalter war ein verläßlicher Sklave, der sich erst kürzlich zu Jesus bekannt hatte. Er war ein guter Landwirt und hielt alles in Ordnung. Doch fehlten ihm Philemons Takt und Erfahrung im Umgang mit Sklaven, und er war auch immer ein wenig eifersüchtig auf Onesimus gewesen. Jetzt, wo der Junge sich völlig in seiner Gewalt befand, hetzte er ihn vom frühen Morgen bis zum späten Abend herum und drohte ihm alle Höllenstrafen an, wenn er Zeichen von Erschöpfung erkennen ließ. Allmählich entwickelte sich zwischen den beiden eine heftige Fehde, die auf der einen Seite genährt wurde von fortwährendem Schelten und ständiger Unterdrükkung und auf der anderen Seite von verdrossenem Schweigen, von absichtlichem Mißverstehen der Anordnungen und wohl gar noch von Schlimmerem. Zwar konnte Glaucus nie beweisen, wer ihm Salz in den Wein geschüttet oder Eidechsen in die Geldtasche gesteckt hatte, oder wer ihm die großen Steinbrocken vor sein Haus wälzte, so daß er zu Boden stürzte, wenn er im Dunkeln in sein Heim treten wollte; aber er hegte einen sehr berechtigten Verdacht.

„Ich kann den Kerl nicht ausstehen", sagte Erastus, ein eifriger, junger Sklave von ungefähr zwanzig Jahren, als er eines Abends mit Onesimus beim Essen saß. „Immer kaut er und ißt er und trinkt er und verdammt alle andern in die Hölle. Diese Art von Frommen wird jeden vernünftigen Menschen von einer Bekehrung abhalten."

„Ich dachte, du selber hättest dich bekehrt, und er sei nun dein Bruder in Christus", erwiderte Onesimus spöttisch. „Ein schöner Bruder! Nein, danke! Da möchte ich doch lieber nie ein Christ werden. Paß auf, noch heute schütte ich ihm ein paar Tropfen Wermut in seinen Eintopf." – Er spuckte kräftig aus.

Erastus lachte. „Zwischen Christ und Christ besteht eben ein Unterschied. Nicht alle von uns betrachten Jesus als das Ende aller Dinge. Das Christentum ist zu einfach, und es fegt alle unsere alten Mysterienkulte beiseite. Aber wenn wir bestimmte Fast- und Festtage beachten und unsern Körper kasteien, lernen wir nicht nur Christus und den Heiligen Geist kennen, sondern auch Dämonen. Ein junger Phrygier hat uns heute abend zu sich eingeladen. Er will uns weiter in diese Geheimnisse einführen. Ich glaube, dir würde diese Lehre viel besser gefallen, als jene Theorie, daß Christus der Anfang und das Ende aller Dinge ist. Da tun sich unserem Denken ganz neue Weiten auf. Alle jungen Sklaven gehen hin. Möchtest du nicht auch mitkommen?"

„Nein, danke", antwortete Onesimus kurz. „Dieses ganze Gerede ermüdet mich nur. Ich würde doch nur einschlafen. Und dann würde Glaucus mein leeres Bett rütteln, um mich aufzuwecken, bevor ich noch drinnen liege! Er will es einfach nicht dulden, daß ich mich einmal ausruhe. Auch jetzt belauert er mich schon wieder. Ich will lieber gehen."

Aber als er zum Hause zurückging, kam ihm ein Gedanke – zuerst nur undeutlich, dann jedoch nahm er feste Formen an, und als er das Tor erreicht hatte, war ihm schon jede Einzelheit klar geworden.

Alle jüngeren Sklaven machten sich nach Einbruch der Dunkelheit zum Hause des Phrygiers auf. Onesimus würde mit ihnen aufbrechen. Die alten Sklaven würden schlafen, und der Verwalter würde sich zu seinem eigenen Haus begeben. Philemons Haus würde von großen, scharfen Hunden bewacht werden. Nun, die waren alle Onesimus' gute Freunde, die hatte er schon gekannt, als sie noch Welpen waren. Es dürfte möglich sein... Es gab da ein Stallfenster, das sich nach der Säulenhalle hin öffnen ließ. Von da aus konnte man den Zweig eines Weinstocks erreichen. Onesimus hatte es noch nie versucht, doch es dürfte möglich sein. Heute nacht war Neumond, und dort hinten bei den Ställen war es stockfinster. Die alten Sklaven schliefen sehr fest. Besonders viel gab es ja nicht zu stehlen, denn Philemons Reichtümer und Kleinode waren in der Bank von Laodizea sicher untergebracht. Aber für Onesimus bedeutete auch der kleinste Gewinn einen weiteren Schritt voran – der Freiheit entgegen. In Apphias Zimmer befand sich eine Kassette, in dem Pascasia all ihre kleinen Schmuckstücke aufbewahrte, ein paar goldene und silberne Armreifen, ein paar kleine Ketten und Ohrringe. Sie trug sie jetzt nicht mehr häufig, denn die Christen sahen es nicht gern, wenn ihre Frauen sich mit Schmuck behängten. Solch ein kleines Mädchen würde wohl kaum wissen, wieviel der Kasten überhaupt enthielt. Wahrscheinlich würde sie es gar nicht bemerken, wenn ein oder zwei Schmuckstücke fehlten. Ihm jedoch würden sie später einen kleinen Gewinn einbringen.

Glaucus stand brummend und knurrend neben ihm, als er die Ställe ausmistete und den Hof fegte. Schließlich senkte sich die Frühlingsdämmerung herab, und die Sklaven kehrten von der Feldarbeit heim.

„Wo wollt ihr denn heute abend alle hin?" fragte Glaucus plötzlich.

„Zu Alexanders Haus", erwiderte Erastus schnell. „Wir jungen Leute wollen da miteinander singen und beten und in der Schrift forschen."

„Wie? Ihr alle?" fragte der Verwalter ungläubig, blickte sich um und gewahrte Onesimus. „Du auch, Onesimus? Nun, es freut mich, daß du dich endlich aufmachst, um dem Zorn Gottes zu entfliehen. Du hast es bitter nötig, Buße zu tun für deine Sünden, denn sie sind schwer. Jede Nacht bete ich für dich."

„Diese Mühe könntest du dir sparen", murmelte der Junge wütend vor sich hin. Dann schloß er sich unter Glaucus' beobachtendem Blick den andern an. Inzwischen war es vollends dunkel geworden. Niemand merkte es, als er heimlich hinter einen Ölbaum schlüpfte. Dort blieb er unbeweglich stehen, bis die Stimmen verklungen waren. Er war allein, nichts war jetzt mehr zu hören als die leisen Geräusche der Nacht: das schwache Blöken der eingepferchten Schafe, das Rascheln des Grases unter seinen Füßen, der Schrei einer Eule oben in den Bergschluchten.

Lautlos schlich er auf bloßen Füßen in den Stall zurück. Dunkel und still war es auf dem Hof. Ein paar alte Sklaven schnarchten vernehmlich. Die Hunde lagen da mit dem Kopf auf den Pfoten, und er streichelte sie, damit sie nicht erschrecken sollten. Sie leckten ihm die Hand und wedelten mit dem Schwanz, denn sie liebten ihn alle. Dann ging er zurück, ließ sich auf dem Stroh nieder, lehnte den Kopf gegen die Flanke eines Pferdes und wartete.

Es fiel ihm schwer, eine ganze Stunde wach zu bleiben. Endlich hielt er den richtigen Augenblick für gekommen. Die alten Sklaven würden jetzt in tiefem Schlaf liegen, und die jüngeren würden nicht vor Mitternacht heimkehren. Behende wie eine Katze kroch er durchs Fenster. Er ergriff einen Zweig des alten Weinstocks und schwang sich hinüber zu Philemons Säulenhalle. Hier verharrte er eine Weile und lauschte. Da raschelte irgend etwas, aber vielleicht war das nur der warme Nachtwind. Auf leisen Sohlen begab er sich zu den Gemächern seiner Herrin. Auf einmal blieb er wie angewurzelt stehen, und das Herz klopfte ihm zum Zerspringen. Der Vorhang war zurückgezogen, und ein schmaler Lichtstreifen warf einen schwarzen Schatten an die Wand. Da war jemand.

Wer mochte es nur sein? Das Haus war verschlossen, und die Schlüssel waren Glaucus anvertraut worden. Onesimus trat lautlos einen Schritt weiter vor und spähte um den Vorhang herum. Im selben Augenblick ließ ein Windstoß das kleine Licht, dessen Schatten Onesimus bemerkt hatte, hell auflodern. Es wurde plötzlich hell im Raum, und Onesimus erkannte die Gestalt des Verwalters, der sich über eine Truhe beugte und Purpurstoffe und andere Kostbarkeiten hervorzerrte. Die Flamme des Lichtes warf ihren Schein über golden glitzernde Armbänder und auf das gierige, verschlagene Gesicht des Diebes. Der blickte sich auf einmal furchtsam um und gewahrte Onesimus.

Glaucus stieß einen erstickten Schrei aus, stopfte alles wieder zurück in die Truhe und warf den Deckel zu. Die beiden standen einander schweigend und schwer atmend gegenüber. Am liebsten hätte einer den andern ermordet, doch sie hatten keine Waffen bei sich. Der Verwalter merkte, daß ihm nur eine einzige winzige Chance verblieben war. Kühn griff er danach.

„Schön!" bemerkte er. „Wir stecken also alle beide in der Klemme. Es ist am besten, wenn wir uns irgendwie einigen. Wir möchten alle beide unsere Haut retten und das Vertrauen unseres Herrn nicht verlieren. Keiner von uns möchte gebrandmarkt werden. Laß uns also strengstes Stillschweigen bewahren. Vergiß, was du hier gesehen hast! Das will auch ich tun. Komm, gehen wir! Das Tor ist offen."

Onesimus überlegte. Als Christ würde Philemon kaum noch brandmarken. Er selber hatte schon einige Prügelstrafen überlebt und würde wohl auch noch mehrere überleben. Er hatte nur wenig zu verlieren, der Verwalter jedoch alles.

Das Licht flackerte noch einmal auf und erlosch dann. Der Raum wurde in Dunkel getaucht. „Soll ich ihm an die Kehle springen?" durchzuckte es Onesimus. Aber er verwarf diesen Gedanken sogleich wieder. Was hätte ein toter Verwalter auch nützen sollen? Doch ein lebendiger Verwalter, der sich in seiner Macht befand, könnte vielleicht sogar ganz nützlich sein. Das war kein schlechter Handel. Onesimus wandte sich um und eilte davon.

13

Glaucus und Onesimus begegneten einander am nächsten Morgen, als sei nichts geschehen; doch das Benehmen des Verwalters hatte sich geändert. Er behandelte den Jungen mit furchtsamer Achtung. Onesimus stand fortan auf, wann es ihm gefiel und tat nur, was er mochte. Was er nicht mochte, tat er eben nicht. Ein richtiger Müßiggänger hätte er werden können, wenn er die Frühjahrsarbeiten auf dem Gut nicht so gern getan hätte: das Suchen nach den Mutterschafen in den Gräben und das Aufziehen der mutterlosen Lämmer.

An diesen warmen Aprilabenden gab es keinen besseren Platz auf der Welt für ihn als die Schafweiden. Wenn die Herde blökend zum Pferch zog, wenn die Blütenblätter der Gänseblümchen sich schlossen und die Sonne unterging über Laodizea, dann fühlte er sich so richtig wohl dort draußen. „Wovon träumst du, Junge?" fragte ihn ein Schäfer, als er tief in Gedanken versunken dastand und westwärts über das Tal blickte. Aber der Junge lachte nur, griff nach einem der Lämmer und streichelte es.

Bevor noch alle Lämmer geworfen worden waren, kam ein Sklave auf das Landgut geritten und kündigte an, daß Philemon und Apphia sich schon der Heimat näherten und bei Anbruch der Dunkelheit erwartet werden konnten.

Onesimus erkundigte sich nicht weiter nach Archippus, da er ihn ja schon in wenigen Stunden selber sehen würde. Seit er gehört hatte, daß eine gewisse Aussicht auf Heilung bestand, hatte er angefangen, fest darauf zu hoffen. Allmählich wurde ihm diese Hoffnung zur Gewißheit. Erst jetzt wurde ihm klar, wie enttäuscht er sein würde, falls das Wunder nun doch nicht eingetreten sein sollte, und zwar nicht so sehr seines jungen Herrn wegen, sondern vor allem um seiner selbst willen. Blieb Archippus lahm, dann würde er jene Schuldgefühle niemals wieder loswerden, die ihn manchmal an dunklen Winterabenden heimsuchten, wenn der Wind um den Gutshof heulte und die Bäume wie mit Geisterhänden niederbeugte. Heute abend sollte er nun endlich von den Folgen seiner Schuld befreit werden. Heute abend würde Archippus gesund hereintreten, und dann waren seine Gewissensqualen für immer dahin.

Er arbeitete nur wenig an diesem Tag. Glaucus, der die andern Sklaven herumkommandierte, floß über vor Höflichkeit gegen Onesimus. In seiner Unrast hielt es Onesimus bei keiner Arbeit aus, und er wanderte schließlich zu den Bergschluchten hinauf, um einen Strauß Frühlingsblumen für Pascasia zu pflücken. Das Kind liebte Blumen und würde nach der langen Reise müde sein. Und nun war es bald zu Ende mit seiner „Freiheit". Philemon würde ihn wieder tüchtig einspannen. Darüber würde er froh sein. Er war es leid, immer nur das zu tun, was ihm gefiel. Da fiel ihm ein, daß dies ja gerade „Freiheit" war! Sein Leben lang nur tun, was einem gefällt, und niemanden jemals als Herrn über sich anerkennen! Zum erstenmal kamen ihm Zweifel, ob ihm ein solches Leben wirklich gefallen würde.

Am Fuße der Schlucht wandte er sich um, wie er das immer tat, um zuzuschauen, wie die Sonne hinter Hierapolis unterging und ihre Mauern und Befestigungswerke in rotes Licht tauchte. Da gewahrte er die kleine Reisegesellschaft mit dem Wagen, die zur Hochebene von Kolossä emporklomm.

Onesimus eilte nach Hause. Er mußte wissen, was geschehen war. Würde Archippus aus dem Wagen springen? Würde er bei der letzten Wegbiegung mit den Pferden um die Wette laufen, wie er es früher so gern an kühlen Abenden getan hatte? Vielleicht würde er schon morgen die Bergschluchten erklimmen. Aber nein, da lief niemand vor dem Wagen her, der eben ziemlich mühsam den Berg heraufrumpelte. Wollte Archippus am Ende alle überraschen?

Dann fuhr der Wagen vor, und Glaucus verzettelte sich bei seiner feierlichen Begrüßung. Philemon stieg aus und war seinem Sohn behilflich, während ihm Pascasia seine Krücke reichte. Und doch war auf seinem hellen Gesicht keine Spur von Enttäuschung zu sehen, als er die versammelte Hausgemeinschaft begrüßte. Er lächelte, und auf seinem bleichen, erschöpften Gesicht leuchtete es wie Triumph.

Da wandte Onesimus sich um und lief davon.

Am Abend aß er bei seiner Mutter. Es war schön, sie wieder daheim zu haben. Sie erzählte ihm soviel sie nur konnte von dem Tag, den sie mit Paulus verbracht hatten. Sie waren alle nach dem südlich von Ephesus gelegenen Milet gewandert, wo das Schiff anlegen sollte. Er war auch tatsächlich an Land gekommen und hatte am Strand mit ihnen geredet. Da die Mutter Sklavin war, hatte sie im Hintergrund gestanden und nur wenig hören können. Pascasia war noch nie am Meeresstrand gewesen, sie lief umher und suchte Muscheln, und Nerissa war vollauf damit beschäftigt, sie im Auge zu behalten. Sie wußte nicht mehr genau, was Paulus eigentlich gesagt hatte – etwas von Wölfen, welche in die

Herde einbrechen –, doch es war alles sehr schön gewesen, und zuletzt waren sie alle niedergekniet, und Paulus hatte sie gesegnet.

Viele Leute hatten geweint, denn wahrscheinlich würden sie ihn niemals wiedersehen, da er doch so vielen Gefahren und Verfolgungen entgegenging. Nerissa hatte nicht geweint. Konnte es etwas Herrlicheres geben, als zu Jesus zu gehen und für immer bei ihm zu ruhen? Nur eines bereitete ihr Sorgen: Würde auch ihr Sohn einmal in jener Welt bei ihr sein?

Nerissa war müde und ging bald zur Ruhe. Onesimus dagegen lag wach bis zur vierten Nachtwache, warf sich unruhig hin und her und fluchte leise vor sich hin. Oh, er war betrogen worden! Nun würde der dunkle Schatten der Schuld für immer auf ihm ruhen. Was würde Eirene wohl dazu sagen, wenn sie es wüßte? Aber sie brauchte es ja nie zu erfahren. In seinem Herzen würde es immer einen verborgenen Winkel geben, den er ihr nicht zeigen konnte. Niemals würde vollkommene Aufrichtigkeit zwischen ihnen herrschen.

Nach einer verlegenen Begrüßung wich Onesimus drei Tage lang einer Begegnung mit Archippus aus. Er wäre überrascht gewesen, wenn er geahnt hätte, welchen Schmerz er seinem jungen Herrn damit zufügte. Am vierten Morgen sollte er einen Sack Mehl ins Haus tragen. Von seiner Last gebeugt, schwankte er um die Ecke und sah nicht, wohin er trat.

„Halt, Onesimus! Ich kann dir nicht ausweichen."

Archippus stand vor ihm und lehnte sich schwer auf seine Krücke, aber er hatte seinen jungen Diener zu spät gewarnt. Der pralle Sack rutschte nach vorn und Onesimus mit ihm. Archippus wurde umgerissen. Der Sack fiel zu Boden, und der Sklave stand erstarrt und entsetzt daneben und wartete auf einen Wutausbruch seines Herrn.

Doch der blieb aus. Archippus' Gesicht war schmerzverzerrt. Tapfer unterdrückte er den Schmerz und streckte seine Hand aus.

„Bitte, hilf mir auf, Onesimus", sagte er ruhig. „Welch ein Glück, daß ich auf diesen Strohhaufen gefallen bin! Reich mir meine Krücke! Alles ist in Ordnung, du brauchst nicht so entsetzt dreinzuschauen. Du konntest ja nichts dafür, und ich habe mir kaum wehgetan."

Onesimus blickte zu ihm hin, wie er da stand, noch bleich von dem Sturz, doch vollkommen beherrscht. Mitleid, Gewissensbisse und Bewunderung wallten plötzlich in Onesimus auf. Er war so überwältigt, daß er sich auf den Mehlsack setzte und Archippus anstarrte, als hätte er ihn nie zuvor gesehen.

„Es tut mir wirklich leid, Herr, daß du nicht geheilt worden bist", sagte er langsam und war gar nicht mehr verlegen. „Was ist denn eigentlich geschehen? All diese Wunder, von denen die Leute geredet haben, sind wahrscheinlich doch nur Schwindel gewesen."

Archippus vergaß seine Schmerzen und ließ sich neben ihm nieder. Wie hatte er sich nach diesem Augenblick gesehnt! Nun, wo er endlich gekommen war, wußte er nicht, wie er erklären sollte, was er erlebt hatte. Und dann, dieser Mehlsack hier mitten auf dem Hof war kaum der Hintergrund dafür, den er sich vorgestellt hatte. Wie konnte er Onesimus nur dazu bringen, zu schauen, was er selber geschaut hatte? Wie sollte ein unerleuchtetes Herz all dies begreifen können? Ganz lächerlich würde es klingen. Und zuletzt würde sein Sklave ihn mehr denn je verachten.

„Nein, Schwindel war das nicht; all jene Wunder, von denen du gehört hast, sind wirklich geschehen, und noch viele andere dazu", sagte er zögernd und fuhr dann mutig fort: „Am Strand sprach Paulus zu uns allen. Er sprach von dem Amt, das ihm von Jesus Christus verliehen worden war, und von der Sorge um die Gemeinden, die er die ‚Herde Gottes' nannte."

„Die Gemeinden sind für mich nicht wichtig", ununterbrach ihn Onesimus. „Da drinnen in der Küche werden sie schon auf meinen Sack Mehl warten. Erzähl mir bitte schnell von dem Wunder, oder vielmehr, warum es ausgeblieben ist."

„Nach der Versammlung trat ich zu Paulus und redete mit ihm", fuhr Archippus mit fester Stimme fort. „Wir wanderten ein Stück am Strand entlang und setzten uns dann auf eine Klippe. Ich bat ihn, mir die Hände aufzulegen und mich zu heilen, damit ich meinen Vater und Epaphras begleiten und das Evangelium in ganz Phrygien verkündigen könnte. Aber er sagte, dies sei wohl nicht der von Gott für mich bestimmte Weg. Er meinte, es sei meine Aufgabe, zu Hause zu bleiben und die Gemeinde von Kolossä zu weiden, wie der Hirt seine Schafe hütet und sie vor dem Wolf bewahrt. Für solch einen Dienst seien gesunde Beine nicht unbedingt erforderlich. Paulus sagte, die Wunder seien uns als Zeichen gegeben worden, ich jedoch hätte kein Zeichen nötig. Ich müßte es lernen, im Glauben zu wandern. Und dann erzählte er mir, wie es ihm selber ergangen war."

Drinnen im Haus beklagte sich eine laute Stimme über die faulen, nichtsnutzigen Sklaven, die in Kornspeichern einschliefen. Keiner der beiden Jungen achtete jedoch darauf.

„Paulus hat eine Krankheit, von der er nur selten spricht", setzte Archippus seine Erzählung fort. „Oft leidet er unter furchtbaren Schmerzen. Dreimal hat er um Heilung gebeten, und beim drittenmal hat der Herr selber zu ihm gesprochen. Er sagte: ‚Laß dir an meiner

Gnade genügen, denn meine Kraft ist in den Schwachen mächtig.' – Und denk dir nur, Onesimus, seither ist er immer froh gewesen über seine Krankheit und über seine Schwäche!"

„Froh? Ja, worüber denn? Auch du sahst froh aus, als du vom Wagen getragen wurdest. Ihr Christen seid doch merkwürdige Leute. Ich kann euch nicht verstehen. Worüber warst du denn froh, als du nach Hause zurückkehrtest, lahm wie zuvor?"

„Nun, darüber, daß ich durch meine Schwachheit meinen Herrn und seine Kraft so nötig brauche. Bevor ich lahm wurde, war ich stark und stolz und meinte, alles aus eigener Kraft vollbringen zu können. Jetzt, wo ich lahm bin, weiß ich, daß ich nichts tun kann. Meine Schwachheit und Hilflosigkeit treibt mich immer wieder zu ihm. Ich liebe ihn, wie ein Durstender die Quelle liebt und ein Frierender das Feuer. Das begreift man allerdings erst, wenn man ihn liebhat."

„Und du bist zufrieden?"

„Nicht nur zufrieden; ich bin sogar glücklich!"

In den Augen seines Herrn leuchtete ein Licht auf, das Onesimus noch nie darin gesehen hatte. Wohl begriff er noch immer nichts, doch er merkte, daß Archippus zu einem charaktervollen, geduldigen jungen Mann herangereift war. Trotz seiner Lahmheit würde Onesimus ihn nie wieder verachten. Zum erstenmal in seinem Leben betrachtete er ihn voller Hochachtung.

„Mögen die Flüche aller Götter dich treffen, du fauler Sklave!" schrie der Koch, der plötzlich die Haustür aufgestoßen hatte. Er schleuderte einen Knochen nach Onesimus, der ihn mit voller Wucht am Ohr traf. „Soll ich denn ewig warten, bis . . ." – Dann gewahrte er den jungen Herrn und zog sich schnell zurück. Doch hegte er bestimmt die Absicht, seinen angefangenen Satz in der Küche zu beenden.

Onesimus stand auf, half Archippus auf die Beine, schulterte den Mehlsack und taumelte ins Haus. Archippus schleppte sich ein Stück weit fort und ließ sich auf einem Felsbrocken nieder. Die Frühlingssonne wärmte ihn; die goldgelben Blütengesichter des Löwenzahns lächelten ihm zu; all die munteren Vögel in der Bergschlucht schienen nur für ihn allein zu singen. Er blickte über das Tal hin, das er nie wieder durchwandern würde und hinauf zu den Bergen, die er niemals mehr erklettern würde – und dennoch lobte er Gott.

Endlich hatte er doch gesiegt! In all den Jahren, wo er sich so sehr bemüht hatte, Onesimus durch seine körperliche Kraft und Schönheit zu beeindrucken, durch seine Macht und Bedeutsamkeit, hatte ihn sein Sklave immer nur gehaßt und verachtet. Jetzt, wo sein Stolz zerbrochen war, wo er nur noch ein schwacher, bedeutungsloser Krüppel war, der nichts Imponierendes mehr aufzuweisen hatte, war es ihm gelungen, die Achtung seines Sklaven zu gewinnen. Wer weiß – vielleicht würde er eines Tages auch noch seine Freundschaft erringen.

14

Die Zeit verstrich, und die beiden Jungen wuchsen heran, der eine nahm zu an Kraft und körperlicher Schönheit, der andere an Reife und Weisheit. Archippus war jetzt 17 Jahre alt. Die volle Mannesgröße würde er nie erreichen, und er würde sich immer mühselig mit Hilfe einer Krücke fortschleppen müssen. Doch hatte er sich während der häufigen Abwesenheit seines Vaters als ein tüchtiger Aufseher auf dem Landgut erwiesen, der die Sklaven gütig und gerecht zu behandeln verstand. Dafür liebten sie ihn und gehorchten ihm und nutzten sein körperliches Gebrechen nur selten aus. Nur der eine, dessen Freundschaft er am meisten ersehnte, liebte ihn nicht. Wohl achtete Onesimus seinen jungen Herrn und diente ihm gewissenhaft, aber er redete nur dann mit ihm, wenn er dazu genötigt wurde, und hielt sich nie länger bei ihm auf, als unbedingt notwendig war.

„Onesimus", sagte Archippus eines Abends, als sein Sklave den Abendbrottisch abräumte, „morgen reise ich nach Laodizea. Willst du so gut sein und mir meine Reisekleider zurechtlegen?"

„Ja, Herr", erwiderte Onesimus. Er trug die Schüsseln hinaus, kehrte wieder zurück und holte eine saubere Tunika herbei. Dann putzte er still und ehrerbietig die Sandalen seines Herrn. Er war jetzt so groß wie ein erwachsener Mann, bewegte sich aber noch immer mit der Anmut eines Knaben. Archippus sah ihm nachdenklich und traurig zu. Seine Schönheit, das Spiel seiner Muskeln, die stolze Haltung seines Kopfes erweckten in ihm immer wieder eine unstillbare Sehnsucht, die Sehnsucht, ihm ähnlich zu sein und mit ihm in Verbindung zu stehen. Zwei Jahre waren vergangen, seit die beiden Jungen nebeneinander auf dem Mehlsack gesessen hatten. Inzwischen war die Schranke zwischen ihnen nie wieder aufgehoben worden. Onesimus war und blieb sein Sklave, leichtfüßig, gehorsam, untadelig in der Erfüllung seiner Pflichten; aber durch seine äußerliche Maske der Dienstfertigkeit drang Archippus nie hindurch.

„Soll ich dich morgen begleiten, Herr?" – Mit gefalteten Händen und leicht gebeugtem Kopf stand Onesimus vor ihm, das Abbild eines Leibeigenen, der keine eigenen Wünsche hegt. Archippus hätte schreien mögen.

„Möchtest du gern mitfahren?" fragte er in halb bittendem, halb ärgerlichem Ton.

„Deine Wünsche sind meine Wünsche, Herr", leierte der Junge ausdruckslos herunter. Er erkannte den bittenden Blick seines Herrn und genoß das Spiel, das ihm ein seltsames Machtgefühl vermittelte; und doch fragte er sich, ob sich dieses Spiel heute abend wohl lohne. Er würde viel darum geben, mit nach Laodizea fahren zu dürfen. Mehr als zwei Jahre waren vergangen, seit er sie zuletzt gesehen hatte ... Sie würde jetzt kein Kind mehr sein. Er versuchte, sie sich als junges Mädchen vorzustellen, größer, reifer, und er beschloß, seiner Sehnsucht nachzugeben und die Maske fallen zu lassen. Schnell schaute er auf, aber es war schon zu spät.

„Nun gut", sagte Archippus müde. „Wenn dir nichts daran liegt, kannst du zu Hause bleiben und bei der Schafschur helfen. In der Gemeinde von Laodizea findet eine christliche Versammlung statt, deshalb werden mich einige der christlichen Sklaven auf jeden Fall begleiten. Ich werde meinen Vater und Epaphras treffen, die morgen aus Philadelphia zurückkehren, und dann wollen wir alle zusammen heimreisen. Sieh zu, daß die Zimmer meines Vaters bis zum Abend empfangsbereit sind! Gute Nacht!" – Er wandte sich um, und Onesimus blieb nichts anderes übrig, als ergeben zu nicken und davonzugehen.

Draußen auf der Wiese schalt er sich ärgerlich einen stolzen Narren. Am liebsten wäre er demütig umgekehrt, wäre vor seinem Herrn niedergekniet und hätte ihn angefleht, ihn mitzunehmen. Obwohl er Archippus noch nie um etwas gebeten hatte, wußte er doch, daß er ihm nichts abschlagen würde. Zögernd blieb er stehen. Doch dann setzte er grollend seinen Weg fort. Nein, und tausendmal nein, so wollte er Eirene nicht gegenübertreten, als unterwürfiger Sklave, der im Hintergrund zu stehen hat. Entweder er würde als freier Mann zu ihr gehen, mit hocherhobenem Haupt, oder er würde überhaupt nicht hingehen.

Er hob einen Erdbrocken auf und warf ihn wütend nach einem Baum. Dann begab er sich nach Hause und zählte dort seine gehorteten Geldmünzen. Sein geheimer Schatz war beträchtlich gewachsen. Morgen würden weder Archippus noch Philemon daheim sein, da würden vielleicht noch ein paar Münzen hinzukommen. Onesimus ging immer sehr vorsichtig zu Werke. Und weil er noch nie ertappt worden war, vertraute man ihm.

Am nächsten Tag half er beim Scheren der Schafe und verrichtete geistesabwesend all seine übrigen Pflichten. Seine Gedanken waren bei Archippus in Laodizea. Was er da wohl tun mochte? Wahrscheinlich sang er in einem stickigen Hinterzimmer Choräle, zusammengepfercht mit einem Haufen schwitzender Sklaven und dicker Juden. Doch wer weiß? Die Gemeinde in Laodizea war als wohlhabend und unabhängig bekannt und schien den Christenverfolgungen bisher entgangen zu sein. Also fanden die Versammlungen vielleicht öffentlich und in angemessenem Rahmen statt. Das wußte er nicht, und es war ihm auch gleichgültig; er fragte sich nur zum hundertstenmal, ob Archippus sie wohl sehen würde. Höchstwahrscheinlich nicht; Polemon würde ihr kaum erlauben, eine christliche Versammlung zu besuchen. Aber ganz genau wußte man es nicht. Wer weiß, was alles geschehen konnte! Plötzlich wünschte er heftig, er wäre trotz allem mitgefahren, wenn auch nur, um durch die Straßen zu wandern, die ihr kleiner Fuß betrat,und um die Bilder anzuschauen, die sie täglich vor Augen hatte.

Die Zeit verrann, und er sah sie heimkehren, viel früher, als er erwartet hatte. Es war eine müde, kleine Reisegesellschaft, die da zwischen den grünen Weizenfeldern emporklomm. Archippus saß auf einem Pferd, und sein Vater schritt nebenher. Diese weiten Ritte verursachten Archippus immer viele Schmerzen. So lief Onesimus flink ins Haus, bereitete seinem Herrn das Lager, füllte die Krüge mit Wasser und legte ihm frische Kleider zurecht. Er kam gerade noch rechtzeitig ans Tor, um ihm beim Absteigen behilflich zu sein.

„Es ist alles bereit, Herr", sagte Onesimus. „Soll ich dir beim Baden und beim Umkleiden helfen?"

„Nein, danke", erwiderte Archippus. „Reich mir nur meine Krücke, dann komme ich schon selber zurecht. Gute Nacht, Onesimus!"

Mit abgewandtem Gesicht schleppte er sich mühsam allein ins Haus, während seine Eltern einander herzlich begrüßten. Sein Sklave blickte ihm einen Augenblick lang nach, dann zuckte er die Schultern und drehte sich um. – „Wenn er sich unbedingt allein mit diesen schweren Wasserkrügen abquälen will – bitte sehr!” murmelte er verletzt und enttäuscht. Er hatte seinen Herrn schmerzlicher vermißt, als er sich eingestehen wollte und hatte darauf gebrannt zu erfahren, was sich in Laodizea ereignet hatte.

Verärgert wanderte er zu seiner Hütte. Seine Mutter kochte ihm das Abendessen, aber es schmeckte ihm nicht. Das Aussehen seiner Mutter bekümmerte ihn. Sie war in der letzten Zeit dünn geworden und hustete oft. Manchmal bemerkte er, wie sie sich die Seite hielt und große Schmerzen hatte. Häufig schlief sie schon, wenn er abends heimkehrte; doch ihr Schlaf war unruhig, und zuweilen schrie sie auf, als ob sie starke Schmerzen litte. Aber wenn er sie danach fragte, lachte sie nur und behauptete, alles sei in Ordnung.

„Ich bin ja in Jesu Händen”, pflegte sie zu sagen. „Kann mir da etwas Böses widerfahren?”

„Nun, ich nehme an, du kannst ‚in Jesu Händen’ sowohl krank werden als auch sterben, oder nicht?” entgegnete er brüsk und war gegangen, bevor sie etwas erwidern konnte.

Er kostete ein paar Löffel vom Abendessen, schob dann aber den Teller beiseite und verließ die Hütte. In seiner Ruhelosigkeit beschloß er, in den Bergschluchten herumzuklettern, bis die Dunkelheit hereinbrach. Als er dann über die Wiese dahinschritt, empfand er wohltuend die Abendstille und den Duft des frisch gemähten Heus. Er fühlte, wie er allmählich ruhiger wurde. Sein Gang verlangsamte sich, und schließlich blieb er stehen. Manchmal stellte er sich vor, daß man an diesen langen, hellen Sommerabenden Laute hören konnte, die das menschliche Ohr sonst nicht wahrnahm: das Rascheln der Quecken, das Fallen des Taus, das Entfalten der Mohnblüten, den Abendflug der Vögel. Sein Blick blieb auf der im Schatten liegenden Stadt jenseits des Tals haften. Vielleicht kniete Eirene dort gerade im Nachtgewand an einem offenen Fenster und schaute zum Abendhimmel empor. Wo mochte wohl ihr Schlafzimmer liegen? Ob sie wohl jetzt, den Kopf in die Hand gestützt, nach Kolossä hinüberspähte? Plötzlich wurde er in die rauhe Wirklichkeit zurückversetzt durch einen Laut, der nicht seiner Vorstellungskraft entsprang, sondern deutlich und ganz aus der Nähe an sein Ohr drang: Es war ein tiefes Stöhnen.

Neugierig, jedoch vorsichtig,sah er um die Ecke des Felsens herum, von wo das Stöhnen kam. Mit dem Kummer anderer Leute wollte er eigentlich nichts zu schaffen haben. Aber er kroch doch nicht fort, sondern blieb wie angewurzelt stehen. Stolz und Mitleid, Neugierde und Furcht rangen in ihm miteinander. Denn dort auf der Erde saß kein anderer als Archippus! Er hatte das Gesicht in den Händen vergraben und weinte. Was mochte geschehen sein? Seit seinem Gespräch mit Paulus an der Meeresküste hatte Archippus weder von seinem Leiden gesprochen noch sich über sein Los beklagt. Dieser Archippus, der zwei Jahre lang mit einem tapfer lächelnden Gesicht umhergehumpelt war, schluchzte jetzt wie ein Kind.

Onesimus ging auf ihn zu. Sonst fürchtete er sich vor dem Licht und vor dem Frieden, die Archippus ausströmte. Heute fand er ihn in Finsternis und innere Kämpfe verwickelt, wie er selber sie kannte. Er legte die Hand auf die Schulter seines Herrn. Der fuhr heftig herum und starrte zornig und beschämt seinen Sklaven an, der ihn in diesem Augenblick der Schwäche überrascht hatte.

„Laß mich allein!" befahl er; doch zum erstenmal in seinem Leben gehorchte Onesimus ihm nicht. Da schaute Archippus ihm in die Augen und erkannte in ihm nicht den fernen, unpersönlichen Sklaven, sondern den Knaben, mit dem er aufgewachsen war, und der ihn jetzt voll tiefem, echtem Mitgefühl anblickte. Er wischte sich die Tränen ab und zog Onesimus zu sich ins Gras nieder.

„Was ist los, Herr?" fragte Onesimus. „Ist etwas schiefgegangen in Laodizea?"

Archippus lächelte beschämt und putzte sich die Nase. „Eigentlich nicht; es war ja nichts anderes zu erwarten", erwiderte er. „Ich habe es dir nie erzählt – du läßt mich ja auch nichts erzählen –, aber sieh, ich habe Eirene immer geliebt von dem Tag an, als du sie in den Felsschluchten gefunden hattest. Kaum ein Tag ist vergangen, wo ich nicht an sie gedacht hätte. Ich hätte es ja wissen müssen; aber in meinen Träumen mache ich es mir nicht immer klar, was für ein schwaches, häßliches Geschöpf ich doch geworden bin. Heute hat sie mich zum erstenmal nach dem Unfall gesehen, und nun weiß ich, daß meine Träume zu Ende geträumt sind."

„Was hat sie denn gesagt?"

„Ach, gar nicht viel. Irgendwie ist sie noch immer ein Kind. Ich begegnete ihr auf der Straße. Sie wäre an mir vorübergegangen, wenn ich sie nicht angeredet und begrüßt hätte. Als sie mich erkannte, konnte sie ihr Entsetzen und ihr Mitleid nicht verbergen. Sie versuchte es zwar, wechselte schnell das Thema und erkundigte sich nach meinem Vater und nach dir, Onesimus. Aber länger wollte sie auch nicht bei mir verweilen. Sobald es die Höflichkeit nur zuließ, sagte sie mir Lebewohl. Oh, ich weiß, daß es ein Abschied für immer war!"

Er sprach ruhig und traurig. Es schien, als sei sein heißer Schmerz in dem Moment erloschen, in dem er ihn in Worte faßte. Ein paar Minuten lang saßen die jungen Leute schweigend da. Dann fuhr Archippus stockend fort:

„Ich ging in den Gemeinderaum. Dort wurde gerade ein Liebesmahl gefeiert. Es gab reichlich zu essen und zu trinken. Die Christen kamen mir selbstzufrieden vor, während ich mich vor Sehnsucht nach lebendigem Brot und lebendigem Wasser verzehrte. Vielleicht suchte ich in jenem Augenblick nicht meinen Herrn. Eirene wollte ich haben, Onesimus, und da dies nicht sein konnte, sehnte ich mich nach irgendeinem menschlichen Trost. Mein Herr und Meister wußte das wohl. Er hat ja Erbarmen mit unserer Schwachheit."

„Wie meinst du das, Herr?"

„Ach, hör doch endlich auf mit diesem 'Herr'! Ich hasse dieses Untergebenenverhältnis. Wir sind doch zusammen aufgewachsen, Onesimus, und waren schon jahrelang Freunde, ehe du mein Sklave wurdest. Jesus erbarmte sich meiner. Ich brauchte ihn so nötig, da berührte er mich mit einer menschlichen Hand und sprach zu mir durch einen menschlichen Mund. Du kamst . . . "

„Wie? Ich?" fragte Onesimus, verwirrt von dieser neuen Rolle, die er gespielt zu haben schien.

„Jawohl, du. Seit zwei Jahren hast du nicht mehr so zu mir gesprochen. Warum richtest du diese Schranken zwischen uns auf, Onesimus, und benimmst dich wie eine seelenlose Puppe? Kommt es daher, weil ich dich schlecht behandelt habe, bevor ich Christ wurde? Der Himmel weiß, wie tief ich meinen Stolz, meine Grausamkeit und meinen Betrug bereut habe! Wirst du mir denn nie vergeben?"

Es wurde immer dunkler. Über den Pappeln war eine

Mondsichel zu erkennen. Dies war eine Stunde der Wahrheit. Onesimus spürte, daß auch er aufrichtig sein mußte – „Nein, das ist es nicht", sagte er. „Ich habe dir schon vor Jahren vergeben. Ich glaube, ich fürchte mich vor dir, Archippus, oder vielleicht auch vor jenem Jesus, der in dir wohnt."

„Du fürchtest dich vor Jesus Christus?" – Archippus hatte seine eigene Not vergessen. Hoffnung durchflutete sein Herz. Er setzte sich auf. „Wie kann der Tote das Leben fürchten oder der Blinde das Licht oder das verlorene Schaf den Hirten, der kommt, um es heimzutragen? Oh, Onesimus, wenn du nur wüßtest!"

„Ach, ich weiß schon genug!" erwiderte Onesimus rasch. „Und dennoch fürchte ich mich."

„Aber wovor denn?"

Der Sklave saß schweigend da. Wie konnte er Archippus erklären, wie sehr er jenes Licht fürchtete, das seine alte Sünde aufleuchten lassen und ihn zwingen würde, sie zu bekennen und dann für immer auf Christus zu werfen? Dann wollte er lieber die Last der Schuld bis ans Ende seines Lebens selber tragen. Auch der armselige Haufen gestohlener Münzen würde dann von jenem hellen Licht bestrahlt werden. Und dann würde der heißeste Wunsch seines Lebens zunichte gemacht werden. Lieber wollte er auf ewig ein Sklave der Sünde bleiben, wenn er nur bald einmal ein freier Mann sein durfte. Plötzlich merkte er, daß er sich entsetzlich fürchtete. Er spürte die Nähe der ewigen Liebe; sie sprach zu ihm in den zarten Farben des Abendhimmels, im warmen Hauch der Sommernacht, in der Kraft und der Demut des verkrüppelten Jungen an seiner Seite. Wer konnte da noch dem Werben widerstehen? Und was würde geschehen, wenn er nachgab? Er wagte sich das kaum auszumalen und sprang erschrocken auf die Füße.

„Komm", sagte er schroff, „laß uns heimgehen. Dieser Weg ist nichts für mich, Archippus. Das habe ich dir schon früher gesagt. Ich könnte mein Leben und meine Pläne niemals mit dieser Lehre in Einklang bringen. Aber es freut mich, daß du darin Trost findest. Du brauchst das, ich nicht."

„O doch, auch du hast es nötig, verzweifelt nötig", erwiderte Archippus einfach; dann verstummte er. Onesimus ergriff den Arm seines jungen Herrn und führte ihn über den unebenen Boden bis zum Hoftor, wo seine Mutter stand. Apphia blickte über die dunklen Felder hin und wartete besorgt auf die Rückkehr ihres Sohnes. Onesimus wünschte ihm, wie gewöhnlich, respektvoll eine gute Nacht und ging heim.

Doch sein Innerstes war in Aufruhr geraten. Heute nacht war zum erstenmal das geschehen, wovor er sich so sehr gefürchtet hatte. Nach der Redeweise der Christen, die er nur zu gut kannte, hatte der Auferstandene sich ihm genähert und ihn gerufen, so wie er sich Archippus genähert hatte, als er unter die Füße des Pöbels fiel. Aber der Preis, den Jesus forderte, war zu hoch, und deshalb hatte Onesimus dem Ruf nicht Folge geleistet. Jetzt beugte er sich über seine Geldstücke. Sie waren ihm alles; nur für sie lebte er.

Mit der Geldtasche in der Hand ging er zu seiner schlafenden Mutter hinüber. Sie atmete hastig und warf sich ruhelos hin und her. Er schüttelte sie sanft, und sie fuhr aus dem Schlaf auf.

„Mutter", begann er und setzte sich neben sie. „Erinnerst du dich noch an jene Nacht, als wir bei Sonnenuntergang vor der Tür saßen und du mir von meinem Vater erzähltest?"

Sie hob ihm ihr bleiches Gesicht entgegen, und Furcht flackerte in ihren Augen auf. Aber sie antwortete ganz ruhig: „Ja, mein Sohn, ich erinnere mich noch."

„Mutter, weißt du auch, was du mir sonst noch erzählt hast in jener Nacht?"

„Ja, ich weiß es." – Sie schauderte und fing an zu husten.

„Mutter, ich möchte gern einmal deinen kleinen Schatz sehen. Ich möchte die gehorteten Münzen zählen. Wer weiß, wieviel Zeit uns noch vergönnt ist..."

Er hatte es also nie erraten, und nun mußte sie es ihm sagen. „Diese Münzen gehörten nicht dir, mein Sohn", sagte sie. „Sie gehörten meiner Herrin. Als Jesus in mein Leben trat, gebot er mir, das Stehlen aufzugeben und jedem sein Eigentum zurückzuerstatten; da legte ich die Geldmünzen wieder auf ihren Platz zurück. Wie hätte ich anders handeln können, da er mich berufen hatte, im Lichte zu wandeln?"

Onesimus ballte die Fäuste. Alle hatten sie ihn verlassen und waren übergegangen zu diesem Jesus! Sogar seine eigene Mutter hatte ihn im Stich gelassen! Wutentbrannt schlug er im Dunkeln nach ihr. Keuchend fiel sie zurück und begann wieder zu husten.

Oh, dieser fürchterliche Husten! Voller Unruhe und voll tiefer Scham zündete er eine Laterne an, brachte ihr Wasser und half ihr, sich aufzusetzen. Da bemerkte er zu seinem Entsetzen, daß ihr Kissen und ihr Gewand mit Blut befleckt waren.

15

Am nächsten Morgen berichtete Onesimus Apphia, seine Mutter sei krank und könne nicht aufstehen. Apphia war nicht überrascht. Sie hatte längst gewußt, daß ihre liebe Sklavin bald sterben würde.

Nerissa erhob sich nicht mehr von ihrem Krankenlager. Da die Hütte klein und stickig war, wollte Apphia die Kranke in ihr eigenes, kühles Heim tragen lassen und sie dort selber pflegen; doch Nerissa weigerte sich, ihren Sohn zu verlassen. Deshalb besuchte Apphia sie mehrmals täglich und sorgte für sie. Wenn Onesimus von der Arbeit heimkehrte, fand er die beiden oft in ein Gespräch vertieft. Sie unterhielten sich wie zwei Pilger, die sich auf eine fröhliche Wallfahrt begeben; sie sprachen von dem herrlichen Ziel der Reise und von dem Geliebten, der sie dort erwartete.

Von Kummer niedergedrückt und von Gewissensbissen gequält, ging Onesimus seinen Pflichten nach. Abends saß er dann noch lange am Bett seiner Mutter. Keiner von beiden hatte jemals den Schlag erwähnt, den er ihr versetzt hatte. Eines Abends, als er ihre heißen Hände mit Quellwasser kühlte, sah er so elend und so unglücklich aus, daß sie die Schüssel beiseite schob und seine Hand in ihre beiden Hände nahm.

„Quäl dich doch nicht so, mein Sohn!" bat sie. „Ich weiß ja, wie du empfindest,und wie schwer die Bürde der Sklaverei für dich ist. Aber wenn dich Jesus dereinst gefunden haben wird, dann wirst du verstehen, warum ich so handeln mußte. Es war nicht der Schlag, den du mir versetzt hast, der mich so krank gemacht hat. Ich bin schon lange krank gewesen, und ich weiß, daß ich bald in Jesus entschlafen werde. Und, mein Sohn, wie gern würde ich zu ihm gehen, wenn ich nicht fürchten müßte, dir auf ewig Lebewohl zu sagen."

Da klammerte er sich verzweifelt an sie und weinte wie ein kleiner Junge. Er hatte nicht gedacht, daß sie wirklich sterben mußte.

„Mutter, wirst du mir vergeben?"

„Das habe ich längst getan! Reden wir nicht mehr darüber. Sieh, mein Leben ist in Christus verborgen, und ich gehe heim zu ihm. Du aber bedeutest mir mehr als mein Leben; wie sollte ich mich da freuen können, wenn du nicht auf den gleichen Weg mitkommst?"

Sie sank zurück und fiel bald in einen unruhigen Fieberschlaf. Eine lange Zeit saß er still neben ihr, von trüben und bangen Gedanken geplagt. Sein Schlag hatte ihre Liebe zu ihm gar nicht erschüttert; sie schien sich kaum noch daran zu erinnern. Wenn menschliche Liebe schon so unauslöschlich und unverletzlich sein konnte, wie mochte es dann erst mit jener göttlichen Liebe sein? Vielleicht würde er sie doch nicht so leicht abschütteln können, wie er sich das vorgestellt hatte.

Das Ende kam schnell. Ein linder Sommerregen rieselte herab. Da erwachte sie plötzlich im Morgengrauen.

„Was ist das für ein Geräusch?" fragte sie.

„Nur der Regen", antwortete Onesimus. „Ein Glück, daß wir das Heu drinnen haben."

„Ich dachte, es sei das Geräusch von Füßen, die mir entgegeneilen", sagte sie. „Schau nur, das Tor steht offen! Ja, jetzt weiß ich, was Stephanus damals sah ...

Ich habe mich umgewandt und zurückgeschaut, und da habe ich gesehen, wie du mir nachfolgst auf dem Wege. Jetzt kann ich in Frieden scheiden, und du, mein Sohn ..."

Ein heftiger Hustenanfall ließ sie verstummen; danach lag sie still da. Onesimus saß neben ihr, bis er im blassen Morgenlicht ihr Gesicht erkennen konnte. Da wußte er, was geschehen war, und lief fort, um seine Herrin zu wecken.

Man zog Nerissa ein weißes Gewand an und begrub sie. So war es Sitte bei den Christen. Niemand trauerte sehr, denn alle würden Nerissa bald wiedersehen. Sie sangen Loblieder und priesen die Herrlichkeit und die ewige Ruhe, in die Nerissa nun eingegangen war und an der sie bald alle Anteil haben würden. Nur Onesimus schluchzte bitterlich in der Einsamkeit der Bergschluchten und wünschte sich den Tod, den er doch zugleich fürchtete.

Nach außen zeigte er sich starr und unberührt und hielt sich Archippus und seine Zuneigung auf Armeslänge vom Leib, was den Kindheitsgespielen kränkte. Aber den Schmerz in seinen Augen und die Blässe seines Gesichtes konnte er nicht verbergen. Eines Nachts sprachen Apphia und Philemon in ihrem Schlafgemach darüber.

„Der arme Junge!" meinte Apphia. „Ich fürchte fast um seinen Verstand. Er sieht aus, als könnte er niemals wieder lachen."

„Ja, ich weiß", antwortete Philemon. „Er will den Trost, den wir im Herrn haben, nicht annehmen. Immerhin könnte ihm eine Abwechslung guttun. Die Schafschur ist beendet. In zwei Tagen werde ich Glaucus mit dem letzten Ballen Wolle nach Laodizea schicken. Er soll das Geld mitbringen und braucht dazu einen zuverlässigen Leibwächter. Der Junge kann ihn begleiten."

Onesimus nahm die Nachricht ohne jegliche Freudenbezeugung auf, doch seine Lebensgeister regten sich wieder ein wenig. Wenn er Eirene treffen und ihr vom Tode seiner Mutter erzählen könnte, würde er vielleicht getröstet werden. Aber höchstwahrscheinlich würde er sie gar nicht treffen, denn Polemons Kaufhaus lag in der Stadtmitte, sein Wohnhaus hingegen am Rande der Stadt. Außerdem würde ihn Glaucus bestimmt scharf im Auge behalten. Immerhin, er war jung und voller Hoffnung, und nichts schien ihm unmöglich.

An dem großen Tage erhob sich Onesimus schon vor Sonnenaufgang von seinem Lager, kleidete sich mit besonderer Sorgfalt an und hatte das Pferd schon beladen, bevor der mürrische und verschlafen blinzelnde Glaucus endlich erschien. Er watschelte hinter dem Tier her, während Onesimus voranschritt und es ins Tal hinabführte. Es war ein seltsam schwüler Morgen; in den Pappeln zwitscherte kein Vogel. Nebel lag über den Feldern, und die Berge waren in Wolken gehüllt. In der Ferne grollte der Donner.

„Die Götter scheinen uns zu zürnen", bemerkte Onesimus. „Auf dem Heimweg werden wir wohl in einen Wolkenbruch hineingeraten."

Das sagte er nur, um Glaucus zu ärgern. Der lebte nämlich in ständiger Angst, sich gegen seinen Gott zu versündigen. Insgeheim genoß Onesimus den mißvergnügten Ausdruck auf dem Gesicht des Verwalters, der alt und dick war und fürchtete, durchnäßt zu werden. Aber er wagte es nie, Onesimus zurechtzuweisen. Alle beide hatten ihr Geheimnis bewahrt.

Vor den Toren der Stadt nahmen sie schnell einen Imbiß zu sich. Das Wetter wurde immer merkwürdiger. Der Himmel war rot gefärbt wie bei einem unheimlichen Sonnenuntergang, obwohl es doch erst Mittag war. Die Straßen lagen leer und verlassen da. Wegen der drückenden Schwüle hielten die meisten Leute Mittagsruhe. Glaucus keuchte und schwitzte und schaute immer wieder ängstlich zum Himmel empor.

„Geht und ruht euch aus, Herr Verwalter", sagte Onesimus. „Schließt euer Geschäft mit Herrn Polemon ab und gönnt euch dann im Hof des Kaufhauses ein Schläfchen. Ich will mir ein wenig die Stadt ansehen, bin aber rechtzeitig wieder da, damit wir dann vor Einbruch der Dunkelheit daheim sind. Die Abende sind ja lang und hell. Wir brauchen uns nicht abzuhetzen."

„Das wird heute kein gewöhnlicher Abend werden", murmelte der alte Mann nervös. „Nichts da, junger Mann, du wirst hübsch bei mir bleiben. Wir wollen so bald wie möglich den Heimweg antreten. Das ist ein ungesundes Wetter heute. Ich fürchte, es kommt noch ein Sturm."

Sie erreichten das Kaufhaus gerade noch, bevor sich Polemon zum Mittagessen nach Hause begeben wollte. Er begrüßte die beiden etwas verächtlich, denn er hielt alle, die mit dem Christen Philemon in Verbindung standen, für ausgemachte Narren. Nun, in Geldsachen war Glaucus bestimmt kein Narr. Wachsam beobachtete er, wie die Wolle gewogen und der Preis dafür ausgerechnet und das Geld hingezählt wurde. Schließlich standen beide wieder draußen auf der Straße und verabschiedeten sich von Polemon. Glaucus wollte nun unverzüglich heimreisen, Onesimus unbedingt noch bleiben.

In diesem Moment geschah es, daß sie das erste Beben spürten.

Es war zwar nur schwach, aber sie begriffen sofort, was das zu bedeuten hatte. Erdbeben waren häufig im

Lycustal. Schon strömten verängstigte Menschen aus den Häusern ins Freie; drinnen hörte man Mütter verzweifelt nach ihren Kindern rufen. Ein Schrei erscholl aus aller Munde: „Hinaus auf die freien Plätze! Fort zum Marktplatz! Raus aus den Häusern!"

Glaucus ergriff die Flucht. Erstaunlich, daß ein so alter und dicker Mann noch so schnell laufen konnte! Onesimus ergriff das Pferd am Zügel und zog das wiehernde Tier in die Mitte des Marktplatzes. Polemon stand zögernd und unentschlossen da.

Da kam bereits der zweite, stärkere Erdstoß. Die größeren Häuser wankten. Zwei oder drei der kleineren Gebäude fielen wie Kartenhäuser in sich zusammen. Onesimus blickte sich nach Polemon um. Der stürzte doch tatsächlich zurück in sein Kaufhaus und schrie wie ein Besessener: „Mein Gold! Mein Gold! O ihr Götter, verschont mein Gold!"

Und nun folgte der dritte und letzte Erdstoß, und der war gewaltig. Die ganze Stadt schien mit lautem Krachen rings um die Flüchtlinge auf dem Marktplatz zusammenzustürzen. Das Kaufhaus war plötzlich verschwunden. An seiner Stelle befand sich nur noch ein großer Steinhaufen.

Onesimus schauderte, als er an den reichen Kaufmann dachte, der jetzt dort unter Steinen und Mörtel begraben lag und mit toten Händen sein Gold umklammert hielt. Und doch kümmerte er sich jetzt im Grunde weder um Polemon noch um Glaucus, der zitternd und keuchend mitten auf dem Markt stand, noch um seine eigene Sicherheit. Die großen Häuser am Stadtrand waren nicht so schwer beschädigt worden wie die in der Stadtmitte. Vielleicht war Eirene in Sicherheit. Vielleicht war sie aber auch unter herabstürzenden Trümmern begraben worden. Er mußte auf jeden Fall sofort zu ihr eilen. Sein eigenes Leben zählte wenig; mit Freuden hätte er es für sie hingegeben. Er band das Pferd an einen Pfosten und lief davon.

Er kannte den Weg gut; in Gedanken war er ihn oft gegangen. Und doch kam er nur langsam voran. Viele Straßen waren versperrt. Weinende Menschen knieten zwischen den Trümmern, riefen ihre Götter an und wühlten mit bloßen Händen im Schutt. Die Bewohner der Stadt strömten auf die Tore zu, um draußen auf den Wiesen oder auf den Hügeln der Umgebung Zuflucht zu suchen.

Über Haufen von Steinen, Staub, Mörtel und große Marmorbrocken, vorbei an vor Schreck gelähmten Frauen und weinenden Kindern, bahnte sich Onesimus seinen Weg bis hin zu dem Hause am Stadtrand. Schon aus der Ferne konnte er erkennen, daß das Dach eingestürzt war; die Außenwände standen aber noch. Als er durch das Tor schritt, lief sie ihm entgegen und klammerte sich an ihn.

„Mein Vater! Mein Vater!" rief sie. „Wo ist er? Hast du ihn gesehen? Ist er in Sicherheit?"

Er blickte auf sie herab, sah ihr aschfahles Gesicht, ihr Haar und ihr Kleid voller Mörtelstaub und eine große Beule auf ihrer Stirn; da konnte er ihr nicht sofort die Wahrheit sagen.

„Ist das Kaufhaus eingestürzt?" fragte sie angstvoll weiter.

„Ich fürchte, daß die meisten Häuser in der Stadtmitte zerstört worden sind."

Sie stöhnte auf und bedeckte ihr Gesicht mit den Händen.

„Eirene, es können noch mehr Erdstöße kommen. Die Leute eilen scharenweise zu den Stadttoren. Wir wollen auch dorthin gehen. Wenn du willst, nehme ich dich mit nach Kolossä. Meine Herrin wird für dich sorgen."

Sie schüttelte den Kopf.

„Nein, nein", rief sie. „Mein Vater kann ja noch kommen. Ich muß hier auf ihn warten. Man wird in den Trümmern nach ihm suchen. Ob tot oder lebendig, ich muß ihn wiederfinden."

„Gut, aber du mußt außerhalb der Stadt auf ihn warten. Wo ist denn deine Erzieherin?"

„Im letzten Jahr habe ich keine Erzieherin mehr gehabt. Die Sklaven rissen alle aus, so schnell sie konnten. Bitte, Onesimus, bring mich zu Euphrons Hütte! Er ist der Schäfer meines Vaters. Seine Frau wird mich aufnehmen. Es ist sonst niemand da."

Sie hatte sich losgemacht und ihre Selbstbeherrschung zurückgewonnen. Trotz ihres wirren Haares und ihrer verstaubten Kleidung stand sie da wie eine einsame kleine Königin, die ihr Geschick mit Würde und Haltung trägt.

Sein Herz klopfte wild. Wie gern hätte er sie in die Arme genommen und getröstet, aber er wollte ihre Notlage nicht ausnutzen. Die Tatsache, daß er ein Sklave war, war ihm nie zuvor als ein so unüberwindbares Hindernis erschienen.

„Komm, Eirene!" sagte er freundlich und ergriff ihre Hand. Sie zögerte noch immer und blickte die aufgerissene Straße hinunter, die zur Stadt führte. „Wir müssen sofort aufbrechen. Ich bringe dich zu dem Schäfer und seiner Frau. Wir dürfen keine Zeit verlieren. Beim nächsten Erdstoß könnte auch noch das Stadttor einfallen."

Endlich ging sie mit ihm, und er führte sie behutsam durch die Menschenscharen hindurch. Die meisten Leute hatten die Richtung nach Hierapolis oder nach

Kolossä eingeschlagen. Andere, die zu erschöpft oder gar verwundet waren, wollten unten am Fluß lagern.

Euphrons Hütte stand abseits in einem kleinen Gehölz. Es war ein friedliches, von Wiesen umgebenes Plätzchen, auf dem wilde Blumen blühten und Schafe weideten. In dieser verborgenen, kleinen Talmulde hatte das Erdbeben keinen Schaden angerichtet. Euphron und seine Frau Antonia waren schon auf dem Weg zur Stadt. Als Eirene sie erblickte, ließ sie Onesimus' Hand los und warf sich der alten Frau weinend in die Arme.

„Mein Vater!" schluchzte sie. „Das Kaufhaus ist eingestürzt. Er ist tot!"

„Dann komm nur mit, kleine Herrin. Du sollst unsere Tochter sein bis zu dem Tag, wo wir dich wieder in dein Erbe einsetzen können. Ich nehme dich gleich mit nach Hause, da kannst du dich ausruhen. Du gehst am besten in die Stadt, Euphron, und siehst zu, ob du etwas über Herrn Polemon erfahren kannst. Und wenn du irgendwo verwaiste, umherirrende Kinder findest, dann bring sie nur her. Wir wollen sie um Jesu willen aufnehmen."

Sie führte Eirene in ihre Hütte. Diese war sauber und kühl und mit Binsen ausgelegt. Antonia legte das Mädchen auf einen Strohsack, brachte ihr Milch, kühlte ihre Beule und tröstete sie. Als die alte Frau sich umwandte, bemerkte sie Onesimus, der im Türeingang stehen geblieben war. Sie schaute Eirene fragend an und malte mit ihrem Finger schnell ein Zeichen auf das Kissen. Eirene schüttelte unmerklich den Kopf.

„Komm nur herein, mein Junge", sagte Antonia freundlich. „Setze dich, ruhe dich aus und erzähle uns mehr von dieser Katastrophe! Du siehst bleich und mitgenommen aus. Bist du ein Bürger von Laodizea? Hast du dein Heim verloren?"

Onesimus ließ sich auf der Schwelle nieder und erzählte alles, was er wußte, nur nicht, wie Polemon umgekommen war, als er versuchte, sein Gold zu retten. Er hatte nicht das Herz, ihnen das zu sagen. Es würde ja ohnehin bald bekannt werden.

Was sollte er jetzt tun? Hier hatte er nichts mehr zu suchen. Eirene war in Sicherheit. Bald würde Euphron mit einem Haufen heulender Waisenkinder zurückkommen. Antonia war zum Brunnen gegangen, um frisches Wasser zu holen. Er und Eirene waren allein in der Hütte.

„Ich muß jetzt gehen", sagte er und stand auf. Er trat zu dem Strohsack, auf dem sie lag und reichte ihr die Hand mit dem alten Gruß: „Lebwohl, kleine Eirene, wir treffen uns wieder!"

Sie schaute befangen auf, und ihr bleiches Gesicht rötete sich ein wenig. Er war zu ihr gekommen und stand neben ihr wie ein Fels im Sturm. Als die Decke auf sie herunterstürzte und sie allein und verlassen in den Garten entfloh, da hatte sie gewußt, daß er kommen würde; und als sie ihn gefunden hatte, wußte sie, daß sie jetzt in Sicherheit war. Sie wollte, daß er für immer bei ihr bliebe; aber es schickte sich nicht für ein vierzehnjähriges Mädchen, das zu sagen.

So hielt sie nur seine Hand in ihren beiden Händen und sagte: „Ich danke dir, Onesimus ... ich ... ich wußte, daß du kommen würdest ... und ... wir treffen uns wieder."

Er ließ ihre Hand los und eilte hinaus in den frühen Abend. Sein Puls hämmerte, die Augen brannten ihm, und in seinem Herzen reifte ein kühner Entschluß. Sie hatte also gewußt, daß er kommen würde. Sie hatte ihn nicht vergessen. In ihrem Schrecken und in ihrer Todesangst hatte sie an ihn gedacht und gewußt, daß er kommen würde. Nun sollte ihm nichts mehr hindernd im Wege stehen. Er würde noch heute nacht fortgehen und nicht eher zurückkehren, bis er als freier Mann durch die Tore von Laodizea schreiten und um sie werben durfte.

In der Stadt war es seltsam still. Nur hier und da wühlten ein paar bedauernswerte Gestalten mit blutenden Händen in Steinen und Schutt, während Sklaven fieberhaft neben ihnen gruben. Die niedriger gelegenen Straßen waren teilweise von Abwässern überflutet worden. Überall breitete sich ein fauliger Gestank aus. Onesimus traf Glaucus und das Pferd noch immer mitten auf dem Marktplatz. Der alte Mann hatte sich vor Angst nicht von der Stelle gerührt. Er war sehr böse auf Onesimus, wagte aber auch jetzt nicht, seinem Ärger Luft zu machen.

„Komm schnell", rief Glaucus nur; seine Zähne klapperten noch immer, so daß er kaum sprechen konnte. „Es ist höchste Zeit, daß wir nach Kolossä aufbrechen. Die Nacht wird uns überraschen, bevor wir die Hochebene erreicht haben. Wo bist du denn so lange gewesen, Onesimus?"

„Kümmere dich nicht weiter darum", erwiderte der Junge. „Schwinge dich aufs Pferd, und wir ziehen los!" Er hob den alten Mann in den Sattel und führte das erschrockene Pferd über die Trümmer hinweg zum Syrischen Tor. Sie waren den Hügel schon halbwegs hinabgestiegen, da faßte er das Pferd plötzlich am Zügel und zerrte es entschlossen hinter ein paar Zypressen am Wegrand.

„Glaucus!" sprach er in einem befehlenden Ton, den er noch nie angewandt hatte. „Gib mir das Geld, das du in der Tasche trägst!"

Dem alten Mann fielen vor Schreck fast die Augen aus dem Kopf, und sein Gesicht wurde lehmfarben.

„Das Geld, Onesimus? Das Geld deines Herrn? Bist du denn verrückt geworden?"

„Nein, nicht verrückt; ich habe es nur ein bißchen eilig. Los, her damit, Glaucus! Falls du dich weigerst, gehe ich sofort nach unserer Heimkehr zu unserem Herrn und erzähle ihm alles, was ich über dich weiß. Du hast mich immer gehaßt; jetzt kannst du mich endlich loswerden. Geh allein nach Hause und berichte Philemon, daß Polemon und ich und das Gold unter dem Kaufhaus begraben liegen."

Der erschrockene Verwalter wagte noch einen Versuch.

„Auch ich habe mein Geheimnis, Onesimus. Falls du den Mund aufmachst, werde ich das gleiche tun. Um der Liebe Gottes willen, hör auf mit diesem dummen Gerede und bring mich nach Hause!"

„Glaucus!" rief der Junge, „gib das Geld her, oder ich erwürge dich! Es ist mir gleich, was du über mich aussagst, denn ich habe nichts zu verlieren. Christen brandmarken nicht, und was die Ruten anbelangt, so habe ich die schon geschmeckt, als ich noch jung und schwach war. Jetzt kann ich sie ertragen, ohne mit der Wimper zu zucken. Ich kümmere mich nicht einen Deut um meinen Ruf. Aber du, Glaucus! Macht es dir nichts aus, wenn du von irgendeinem geringen Knecht geschlagen wirst und wenn man dir das Verwalteramt abnimmt? Und wie steht es mit deinem angenehmen, ehrenvollen Lebensabend? Und mit deinem bequemen Sitzplatz in der Versammlung? Überlege dir das noch einmal, Glaucus!"

Weitere Überredungskünste waren nicht nötig. Schlotternd warf der alte Mann den Packen Gold auf die Erde und wandte das Pferd.

„Fort mit dir, du Dieb, du Schurke!" rief er.

16

Dem ersten Hochgefühl der Freiheit folgte bald eine Welle der Furcht. Er hatte sich noch nie klargemacht, was ihm als Sklave alles gewährt worden war: ein Dach über dem Kopf, ein Bett, Nahrung, Kleidung, geregelte Arbeit und, das mußte er zugeben, ein gerechter Herr. Nun hatte er sich das Recht auf diese Dinge für immer verwirkt. Von nun an mußte er darum kämpfen und sie sich entweder verdienen oder ohne sie auskommen.

Er war froh, daß er nicht allein auf der Landstraße zu wandern brauchte. Jetzt war er nur ein Tropfen mitten in einem Strom namenloser Flüchtlinge. Einige wollten bis nach Ephesus oder Milet; andere wiederum wollten in den Städten und Dörfern längs der Landstraße Schutz suchen. Einige hatten etwas von ihrem Hab und Gut gerettet; andere kamen mit leeren Händen an. Keiner sprach den anderen an. Alle hatten sie ihre eigenen Probleme. Betäubt von dem ausgestandenen Schrecken, waren sie nur darauf bedacht, möglichst schnell voranzukommen.

Der schwüle Tag neigte sich früh seinem Ende entgegen. Der Himmel war von Sturmwolken bedeckt, die tief herabhingen. Bald würde die Dunkelheit das in Trümmern liegende Laodizea zudecken. Onesimus wußte, daß in der kommenden Nacht weder Mond noch Sterne leuchten würden, und darüber war er froh. Er mußte machen, daß er weiterkam, denn er traute

Glaucus nicht ganz. Es war gut möglich, daß der Verwalter zuletzt doch beschließen würde, sowohl seine eigenen Sünden als auch die des Onesimus zu bekennen. In diesem Fall würden sie ihm auf schnellen Pferden nachjagen und Jagdhunde auf seine Spur setzen. Dann gäbe es keine Hoffnung mehr für ihn. Er entschloß sich, trotz seiner Müdigkeit die ganze Nacht hindurch weiterzuwandern und tagsüber in einem Versteck zu schlafen.

Es war eine pechschwarze Nacht. Nur die dunklen Umrisse der Bäume zu beiden Seiten der Straße zeigten ihm an, wo der Weg verlief. Dennoch schleppte er sich bis vier Uhr morgens weiter. Er war hungrig, müde und fror entsetzlich. Alle übrigen Reisenden waren hinter ihm zurückgeblieben. Seine Füße waren voller Blasen, und es schwindelte ihm.

Ein Hahn krähte, ein paar Vögel zwitscherten, und das Vieh auf der Weide bewegte sich im Schlaf. Ein leichter Wind trug den Duft von Heu von den gemähten Wiesen heran und rauschte in den Pappeln am Wegrand. Jetzt konnte er auch die Zacken der Berge erkennen, die sich schwarz gegen den nun wieder klaren Himmel abzeichneten.

Onesimus kroch das Ufer zu einem Lärchengestrüpp hinauf und fand eine Höhle, die von Tamarisken-Büschen verdeckt wurde. Er wandte sich noch einmal um und schaute zurück in Richtung Kolossä und Laodizea. Eben ging die Sonne hinter seinen geliebten Bergschluchten auf. Eirene würde jetzt in der Hütte des Schäfers schlafen, erschöpft von ihrem Kummer. Auf der anderen Seite des Tales würde Archippus wahrscheinlich wach auf seinem Lager liegen und Schmerzen in seinem kranken Bein haben. Ob er wohl um ihn trauern würde? „Es tut mir leid, Archippus, aber ich konnte nicht anders", flüsterte er, kroch unter die

Tamarisken-Büsche und schlief mit einem seltsam schweren Herzen ein.

Den ganzen warmen Sommertag hindurch schlief er und erwachte erst ein oder zwei Stunden vor Sonnenuntergang. Er hatte Hunger wie ein Wolf und war froh, daß er sich Brot kaufen konnte. Er tastete nach dem Packen Gold in seiner Geldtasche und nach dem kleinen Beutel mit Münzen in seinem Gürtel. Irgend etwas hatte ihn dazu bewogen, den Beutel nach Laodizea mitzunehmen. Auf den Landstraßen wimmelte es von Räubern. So bald wie möglich wollte er das Gold in seine Kleider einnähen. Allerdings war seine Tunika so mit Erde und Staub verkrustet, daß die meisten Leute ihn wohl für einen Bettler halten würden.

In der zweiten Nacht legte er 40 Kilometer zurück. Am vierten Tag stapfte er über den Kamm des Berges Koressus und sah unten im sanften Abendlicht Ephesus vor sich liegen. Erinnerungen überfluteten ihn: das Entsetzen im Tempel, der schreckliche Abend, als Archippus verunglückte, jene seltsam unwirklichen Nächte, die sie in Aquilas Hause verbrachten. Was mochte wohl aus jenem merkwürdigen Mann namens Paulus geworden sein? Wahrscheinlich war er längst ermordet worden.

Gern hätte er hier noch etwas länger verweilt, doch das durfte er nicht. Sein Herr hatte viele Freunde in Ephesus. Wie leicht konnte er da erkannt werden! Er begab sich sofort hinunter zum Kanal und von dort zum Hafen. Wenn ihm das Glück hold war, erwischte er vielleicht ein Schiff. Er würde nicht erst groß danach fragen, wohin es fuhr, Hauptsache, es breitete sich nicht weniger als ein Meer aus zwischen ihm und dem Lande Phrygien. Seine Sehnsucht stand allerdings nach dem Lande seines Vaters.

Onesimus blickte nach Westen. Irgendwo dort, wo die Sonne unterging, lag Athen und der Berg Parnaß, wo die Götter wohnten. Wenn er zu jenem Heiligtum der Schönheit gelangen und dort beten könnte, würde er vielleicht finden, was er suchte. Linderung für den Schmerz des Lebens, Flucht vor all seinem Schmutz, eine Philosophie, die sein bohrendes Gewissen einschläfern und ihm Vergessen schenken würde. Vielleicht war Schönheit die Antwort? Gut, dann wollte er nach Schönheit suchen und streben.

Eine Galeere, größer als die anderen im Hafen liegenden Schiffe, war gerade beladen worden. Jetzt entfernten sich die Seeleute. Nur ein Junge in Onesimus' Alter stand noch da, betrachtete sich das Schiff, ging hin und her und begutachtete es von allen Seiten. Er war übertrieben sorgfältig gekleidet. Eine fleckenlose Tunika und der lange, weitärmelige Übermantel des gebildeten Griechen mit reichen Ziersäumen auf beiden Seiten verliehen ihm ein vornehmes Aussehen. Seine Gesichtszüge waren rein griechisch, und er hatte die Gestalt eines jungen spartanischen Athleten. Für Onesimus schien er das Land seiner Väter zu verkörpern, deshalb schaute der Flüchtling ihm eine Weile bewundernd zu. Dann faßte er sich ein Herz und fragte ihn, ob er wohl wüßte, wohin das Schiff segeln und wann es wohl abfahren würde.

Der griechische Junge betrachtete ihn verächtlich. „Es fährt nach Korinth, wird aber in Athen anhalten", erwiderte er in perfektem Griechisch. „Wenn der Wind günstig ist, soll es morgen früh lossegeln."

Er wandte sich ab, aber Onesimus wagte noch einen Versuch.

„Ich möchte gern mitfahren", sagte er kühn. „An wen muß ich mich da wenden?"

Der Junge zog die Augenbrauen hoch. „Das kostet Geld, verstehst du?" sagte er hochmütig.

Onesimus errötete vor Ärger, und sein Stolz überwand seine Klugheit. „Ich kann die Überfahrt schon bezahlen", erwiderte er hitzig.

„Na schön, dann solltest du dir vielleicht erst eine neue Tunika kaufen", sagte der Junge. „Dies ist ein erstklassiges Schiff, mußt du wissen, und du siehst nicht gerade aus wie ein vornehmer Passagier!"

Onesimus' Ärger gewann die Oberhand. „Du hast wohl noch nichts von dem Erdbeben in Laodizea gehört", entgegnete er sarkastisch. „Hunderte sind umgekommen, und wir, die wir unser Leben gerettet haben, hielten es nicht der Mühe wert, zurückzugehen und in den Trümmern nach unseren Festgewändern zu suchen! Wir waren dankbar, dem Verderben entronnen zu sein, und besonders dankbar, wenn wir auch noch etwas von unserm Vermögen gerettet hatten."

Der verächtliche Ausdruck auf dem Gesicht des Jungen war verschwunden. Er betrachtete Onesimus plötzlich mit merkwürdig wachem Interesse. „Der Kapitän ist schon an Bord gegangen", erklärte er in einem völlig anderen Ton. „Komm morgen früh vor Tagesanbruch und sprich mit ihm!"

Onesimus ging an der Kaimauer entlang bis zum Strand und warf sich in die warme See. Es war jetzt beinahe dunkel geworden. Er wusch den Staub und Schmutz der letzten vier Tage von seinem Körper und von seinen Kleidern. Dann zog er die nassen Gewänder wieder an und wanderte am Strand entlang, bis der sommerliche Wind sie nach ein paar Stunden getrocknet hatte. Einige Stunden lang schlief er auf einer Marmorplatte. Noch vor Tagesanbruch war er wieder am Hafen. Das Meer lag noch dunkel da, doch über dem Koressus ging schon flammend die Sonne auf. Im Hafen herrschte reges Treiben, denn der Wind war günstig. Matrosen rannten hin und her, Taue knarrten, Männer schrien. Ein wenig abseits stand der Kapitän mit einer prall gefüllten Geldtasche über der Schulter, und neben ihm der junge Grieche.

„Dies ist der Bursche, von dem ich erzählt habe", sagte der Grieche. „Er hat fast all sein Hab und Gut beim Erdbeben in Laodizea verloren; mach also einen gnädigen Handel mit ihm. Er möchte nach Athen."

„Woher weiß er denn, daß ich nach Athen reisen will?" dachte Onesimus. Als der Kapitän den Fahrpreis nannte, zog er das Päckchen aus seinem Gürtel. Er war erleichtert, daß er nicht mehr bezahlen mußte, und zählte dankbar die Geldstücke hin. Es blieben zum Glück noch eine Menge übrig.

„Du kannst jetzt an Bord gehen", sagte der Kapitän. Onesimus betrat die Galeere über das Fallreep. Er war noch nie auf einem Schiff gewesen. Es war für ihn eine aufregende, neue Erfahrung. Dies hier war ein Handelsschiff, das die Erzeugnisse Kleinasiens nach Griechenland brachte: Sandalen und gewebte Stoffe, Mäntel und Teppiche aus Laodizea, Phrygische Stickereien, Käse aus Bithynien, Feigen aus den Ebenen hinter Ephesus, Ziegenfelle und Wolle aus der Zilizischen Steppe. Ein betäubender Duft stieg aus den Laderäumen empor; dazu gesellte sich noch der herbe Geruch des Seetangs. Plötzlich läutete eine Glocke, die Matrosen hißten rasch das große Hauptsegel, und das Schiff segelte zum Hafen hinaus. Onesimus sah das schimmernde Meer vor sich liegen. Endlich lagen Phrygien und sein Sklaventum hinter ihm!

Aber nicht nur Phrygien und sein Sklaventum! Er nahm auch für immer Abschied von Philemon, Apphia,

Archippus und der kleinen Pascasia, von den Hunden, dem Grab seiner Mutter, den Bergschluchten, den blumenübersäten Wiesen und den Schafherden, von so vielem, das er gehaßt und auch von so vielem, das er geliebt hatte! Nur der kleinen Eirene sagte er nicht Lebewohl in seinem Herzen, denn er hatte sich gelobt, sie wiederzusehen.

Seine Betrachtungen wurden plötzlich von dem griechischen Jungen unterbrochen, der sich zu ihm gesellt hatte.

„Ich heiße Alpheus", sagte der junge Mann. „Ich sehe, daß wir zusammen nach Athen reisen. Bist du schon einmal dort gewesen?"

„Noch nie", erwiderte Onesimus.

„Bist du Grieche?"

„Ja, von meines Vaters Seite her."

„Dann kehrst du also zurück in das Land deiner Väter, in deine geistige Heimat, wenn du die Schönheit und die Wahrheit liebst; und das sehe ich dir ja an, daß du die Schönheit über alles liebst. Laß mich dein Führer sein! Nichts könnte mir mehr Freude bereiten, als einen jungen Verehrer der Schönheit zu führen. Ich will neben dir stehen, wenn das Kap in Sicht kommt und wir Poseidons weißen Tempel sehen; dann wollen wir miteinander zuschauen, wie Athenes Speer über der Akropolis aufblitzt. Wir werden die Stufen zum Parthenon hinaufsteigen ..."

„Und wie verdient man in Athen seinen Lebensunterhalt?" – Sein Reisegefährte verwirrte ihn, doch er fesselte ihn auch.

Alpheus sah betreten aus, als hätte Onesimus etwas sehr Gewöhnliches gesagt. Seine Antwort war unbefriedigend. In Athen verdiente man sich offenbar nicht seinen Lebensunterhalt. Da wurde man wahrscheinlich von der Schönheit ernährt, und der Geist beherrschte den Körper. Da diskutierte man, da betete man an und meditierte. Manchmal zog man auch hinaus zu den duftenden Hängen des Hymettus, legte sich nieder auf ein Lager von Thymian und kostete den Honig, der so köstlich war wie der Nektar der Götter. Onesimus geriet immer mehr in Begeisterung. Er hatte ja auch noch genug Gold bei sich und brauchte sich vorerst keine Gedanken um die Zukunft zu machen. So gab er sich ganz dem Zauber des Augenblicks hin: dem leichten Schlingern des Schiffes, der Schönheit des schwellenden weißen Segels gegen den azurblauen Himmel und des glatten, pfauenblauen Ägäischen Meeres, der warmen, salzigen Brise und der klaren Stimme des Jungen.

Der sprach jetzt gerade über die Geschichte seines Landes. Einmal würden sie in der Abendkühle zusammen zu den Thermopylen wandern und eines Morgens bei Sonnenaufgang den Parnaß erklimmen. Die beschwörende Stimme fuhr fort, bezaubernde Sagen eines bezaubernden Landes zu erzählen. Onesimus hörte zu, streckte sich im Sonnenschein aus und schlief friedlich ein.

Die Verzauberung hielt an, als drei Tage später Athenes Speer im blaßgoldenen Abendlicht aufblitzte. Die Säulen des Parthenon zeichneten sich rosig gegen den roten Abendhimmel ab, als wären sie vom Himmel selbst erleuchtet.

Alpheus stand im Bug des Schiffes, den schönen Kopf in stiller Anbetung erhoben, mit Tränen in den Augen. Onesimus befand sich in der gleichen Stimmung. Sie sahen zu, wie das Tageslicht erlosch und die Sterne aufleuchteten über der Stadt, als das Schiff in der Bucht von Phaleron vor Anker ging.

Früh am nächsten Morgen stiegen sie an Land und

legten zu Fuß den Weg zur Stadt zurück. Als sie Athen erreichten, war es schon sehr heiß.

Onesimus war dankbar, daß Alpheus sich so freundlich seiner annahm, ja, ihn mit geradezu fürstlicher Großzügigkeit behandelte. Er verschaffte ihm eine neue Tunika und stellte ihn einer Gruppe seiner Freunde vor. Sie verspeisten gemeinsam Brot, Ziegenkäse und Melonen und ruhten sich dann im Schatten aus. Am späten Nachmittag wohnten sie einem Streitgespräch im Theater des Dionysius am Fuße der Akropolis bei. Alpheus bestand darauf, den Hügel erst am Abend zu besteigen.

„Erst dann, wenn es ringsumher still geworden ist", erklärte er, „wenn das Tageslicht verblaßt und die Säulen leuchten wie warmes Gold, dann ist unsere Stunde gekommen. Nicht im grellen Mittagslicht wollen wir unsere Göttin anbeten, sondern im geheimnisvollen Zwielicht der Dämmerung. Oh, Onesimus, hast du dich nicht immer nach Schönheit, Frieden und Wahrheit gesehnt? Heute abend wird deine Sehnsucht gestillt werden."

Im klaren, goldenen Abendlicht stiegen sie schließlich die Stufen zur Akropolis hinauf und durchschritten die Propyläen. Durch die großen Marmorsäulen schimmerte das Meer wie Silber. Drinnen im geräumigen Tempel der Athene war es schon dämmrig. Onesimus' hochgespannte Erwartungen wurden nicht enttäuscht. Hier fand er wahre, echte Schönheit, die gleichzeitig schlicht und einfach war, wie er sie in der Seele der kleinen Eirene entdeckt hatte. Hier verbarg sich nichts Böses wie damals im Tempel zu Ephesus. Ja, hier stand er am Rande der Unsterblichkeit. Als sie niederknieten und das gewaltige Standbild der Göttin Athene anbeteten, fühlte er sich seltsam eng mit dem Jungen an seiner Seite verbunden. Sich gemeinsam den Quellen der

Schönheit und der Weisheit zu nahen und die gleichen Empfindungen zu durchleben, würde sicher die festeste Grundlage für eine Freundschaft bilden. Von nun an würden sie Brüder sein. Ein neues Leben würde für sie beide beginnen.

Lange Zeit verweilten die beiden vor dem Standbild. Die letzten Strahlen der Sonne ließen das Gold und die Purpurfarben des Tempels aufleuchten. Dann wanderten sie im Tempelgelände umher, schauten zu den Bergen auf, die schon im Schatten lagen und blickten über das abenddunkle Meer. Die feierlichen Gesänge der Priester und Jungfrauen erfüllten Onesimus' Seele mit Ehrfurcht. Die Schönheit ringsumher berauschte ihn. Und doch schrie sein Herz schmerzlich auf: Was nun? Konnte er all diese Schönheit mit sich hinabtragen in jene Welt dort unten, wo Menschen aßen und schliefen und fluchten und haßten und logen? Wo Sklaven stöhnten und Erdbeben Unheil anrichteten, und wo Unschuldige leiden mußten? Gab es irgendwo einen Punkt, wo sich diese beiden so grundverschiedenen Welten begegnen konnten? War jemals irgendein Gott voller Mitgefühl zu den Menschen herabgestiegen? War die Göttin Athene mit all ihrer Schönheit und Weisheit jemals zu den Menschenkindern getreten, um ihnen zu helfen und sie zu heilen? Er wußte es nicht. Er mußte mit Alpheus darüber sprechen.

„Komm, wir wollen der Göttin zutrinken!" – Alpheus führte ihn nach draußen. Auf einem kleinen Hügel unterhalb des Tempels ließen sie sich nieder. Alpheus hatte angedeutet, daß sie keiner irdischen Speise mehr bedürfen würden, wenn sie den Tempel gesehen hätten. Onesimus fühlte sich aber doch erleichtert, als er sah, daß Alpheus einen Korb mit Essensvorräten mitgebracht hatte! Die warme Nachtluft war erfüllt vom

Duft des Thymians und der Minze. Alpheus' schönes, klares Profil hob sich klar gegen das Mondlicht ab, als er aus einer Flasche Wein in zwei Becher einschenkte.

„Wir wollen trinken und zuschauen, wie der Tempel von der Jägerin Diana mit Silber überzogen wird", scherzte er und reichte Onesimus einen Becher. „Dieser Trank sei allen Göttinnen geweiht!"

Onesimus war müde und durstig. Er trank ihn in einem Zuge aus. Er war sehr süß und seltsam stark. „Alpheus", begann er und wandte sich seinem Freund zu. Doch Alpheus blickte hinaus aufs Meer und hielt seinen Weinbecher unberührt in der Hand.

„Alpheus!" – Was war denn nur los? Der Junge an seiner Seite schien ihm zu entschwinden, und die Marmorsäulen zu seiner Rechten wankten. Er schloß die Augen und legte seinen Kopf nieder auf ein Kissen von wildem Thymian. Bald schien er ganz in dessen Duft zu versinken. Hatte die Göttin sich zu ihm herabgeneigt und ihn in ihre Arme genommen? Er wußte es nicht, sondern merkte nur noch undeutlich, wie er in tiefen Schlaf versank.

Alpheus schüttete den Inhalt seines Bechers auf die Erde. Verächtlich betrachtete er den Schlafenden. „Armer Narr!" murmelte er.

Alles war ja so leicht gewesen! Er holte sich eine gute Mahlzeit aus seinem Korb hervor. Dann stieß er Onesimus mit dem Fuß an. Der rührte sich nicht. Auf was wartete er da noch? Er beugte sich über den Gefährten, löste ihm den Gürtel und trennte mit seinem Messer den Beutel mit Münzen und das Päckchen mit Gold heraus. Beides versteckte er unter dem Inhalt des Korbes und eilte den Hügel hinab.

17

Als Onesimus am nächsten Morgen das Bewußtsein wiedererlangte, begriff er zunächst nicht, wo er sich befand. Er stand noch immer unter dem Einfluß des Betäubungsmittels. Der Lärm der Stadt dort unten schien Hunderte von Kilometern entfernt zu sein. Die Sonne brannte auf ihn nieder, und sein Kopf schmerzte so sehr, daß er ihn kaum zu heben vermochte. Sein Mund war wie ausgedörrt, und der Schweiß brach ihm aus allen Poren.

Wasser! Schatten! Ach, wo mochte er sich nur befinden? Und was war bloß mit ihm geschehen? Seine Hand tastete nach seinem Gürtel. Wer hatte den nur gelöst? Irgend etwas war fort – was war es denn gleich? Er konnte sich nicht mehr daran erinnern. Wenn er doch nur Wasser und Schatten finden könnte! Mühsam schleppte er sich den Hügel hinauf in den Schatten einer großen Marmorsäule. Ganz allmählich kam er wieder zu sich. Mit Anstrengung öffnete er die Augen und gewahrte die Purpursäume der Kleider Athenes.

So war das also! Er war betrogen und ausgeraubt worden. So sah die andere Seite der vergoldeten Münze „Schönheit" aus! Der Tempel und alles, was damit zusammenhing, kam ihm entheiligt und bedeutungslos vor. Noch immer benommen erhob er sich. Er wankte zu einem Brunnen, ließ das kühle Wasser über Gesicht und Nacken rinnen und trank in tiefen Zügen. Hinter einer Gruppe Zypressen warf er sich zu Boden. Die bittere

Ernüchterung trieb ihm Tränen in die Augen.

Doch er wagte es nicht, lange zu verweilen. Seine Lage war nicht gerade rosig. Er befand sich allein in einer fremden Stadt, ohne Nahrung, ohne Dach über dem Kopf und ohne einen Pfennig Geld. Er hatte von niemandem etwas zu erwarten und durfte keinem trauen. Da half nichts. Wie schlecht er sich auch fühlte, er mußte so schnell wie möglich Arbeit finden.

Plötzlich wurde ihm wieder schlecht. Aber nachdem er sich noch einmal Gesicht und Hände gewaschen hatte, ging es besser, und er konnte langsam zur Stadt hinuntersteigen.

Auf den Straßen standen wieder die reichen, jungen Männer herum und diskutierten miteinander. Der Parthenon mit seiner überirdischen Schönheit zeichnete sich gegen den blauen Himmel ab. Doch für Onesimus war sein Glanz für immer verblaßt. Es gab keinen Berührungspunkt zwischen den beiden verschiedenen Welten. Mochten die Götter in ihren marmornen Tempeln und Hallen herrschen! Er würde in Zukunft mit seinen Füßen auf dieser grausamen, trügerischen Erde bleiben!

Sehr weit kam er nicht. Eine Weile schlummerte er im Schatten einer Säule. Eine freundliche Obsthändlerin schenkte ihm um die Mittagszeit ein paar saure Weintrauben. Dankbar aß er sie und erkundigte sich, wo er hier wohl Arbeit finden könnte. Nachdenklich schaute sie ihn an.

„Die jungen Griechen arbeiten am liebsten mit ihren Zungen und mit ihren Köpfen", erwiderte sie freundlich. „Man sagt aber, daß jeder, der sich nicht vor körperlicher Arbeit scheut, in den Hafenstädten Geld verdienen kann. Du siehst stark und breitschultrig aus. Du solltest nach Piräus oder nach Korinth gehen."

Er dankte ihr und faßte sofort einen Entschluß. In der

Abendkühle würde er aufbrechen und die ganze Nacht hindurch auf den Beinen sein, um Korinth so schnell wie möglich zu erreichen. Er würde ungefähr zehn Stunden brauchen, um dorthin zu gelangen; bei seinem schmerzenden Kopf und mit dem leeren Magen vielleicht auch noch mehr. Einerlei, nur fort, fort von diesem Athen!

Vor Sonnenuntergang machte er sich auf den Weg. Der Seewind auf der westwärts führenden Landstraße erfrischte ihn. Es war ein ruhiger Abend. Er war dankbar, daß er sich den Staub der Stadt im Wasser der Bucht abspülen konnte. Als er die kleine Stadt Eleusis durchschritt, ging gerade der Mond auf. Schaudernd blickte er zum Tempel der Mysterienkulte hinüber. Er hatte vorher gehofft, sich die Prozession mit ihren Fackeln anschauen zu können, die in diesen Tagen stattfinden sollte. Doch nun hatte er mehr als genug von Tempeln und Mysterienkulten! Alles, was er noch vom Leben erwartete, war etwas zu essen für seinen Magen und Geld für seinen Beutel.

Die Straße nach Korinth wand sich die Hügel hinauf. Die Olivenbäume und Weingärten glänzten silbrig im Schein des Vollmonds. Im Vorübergehen pflückte er sich ein paar frühe Trauben und holte sich auch einige Feigen aus einem Garten. Die Früchte erfrischten ihn, waren aber nicht besonders sättigend. Als sich die Straße zum Golf von Ägina hinabsenkte, übermannte ihn die Müdigkeit. Er legte sich nieder und schlief auf dem warmen Sand ein. Es wurde schon wieder Abend, als er sich endlich mit wunden Füßen und knurrendem Magen durch die Straßen von Korinth schleppte. Am Nachmittag hatte er ein paar Stunden in einem Weingarten gearbeitet und sich dadurch ein bescheidenes Abendessen verdient. Jetzt kroch er erschöpft unter einen alten Torbogen und streckte sich auf dessen Marmorsockel zum Schlafen aus.

Beim ersten Morgenlicht erwachte er. Steif gefroren stand er auf und begab sich hinunter zum Hafen. Das war ein Weg von drei Kilometern. Vor ihm erhob sich ein Wald von Schiffsmasten. Hier fand er die großen Handelsflotten aus Italien und Spanien, aus Afrika und Asien, die in den Hafen fuhren, entladen wurden und mit neuen Gütern beladen wieder hinaussegelten. In den Straßen drängten sich Kaufleute aller Völker: Römer, Griechen, Juden, Syrer und Ägypter. Anders als in Athen schienen die Leute hier alle geschäftig umherzueilen. Wahrscheinlich war die Liebe zum Geld das Band, das sie alle zusammenhielt. Onesimus betrachtete die müden, finsteren und verschlagenen Gesichter und fing an, sich hier heimisch zu fühlen.

Es war nicht weiter schwierig für ihn, Arbeit zu finden. Einige Hafenarbeiter, die ein Schiff nach Brundisium beladen sollten, hatten wegen ihrer Löhne gestreikt, und so hatte sich die Abfahrt des Schiffes verzögert. Der Schiffseigentümer warf einen Blick auf Onesimus' breiten Rücken und auf seine kräftigen Muskeln, dann stellte er ihn für einen Tag ein. Die ganzen heißen Vormittagsstunden hindurch arbeitete Onesimus zusammen mit einer Gruppe junger Korinther. Zur Mittagszeit verzehrte er mit seinen Arbeitskameraden das willkommene Mittagsmahl im Schatten des Lagerhauses. Gespannt lauschte er ihren Gesprächen. Da hatte er nun zum erstenmal mit wirklichen Männern zusammengearbeitet! Wie er sich danach sehnte, einer der ihren zu werden!

Zuerst verstand Onesimus ihre Andeutungen kaum. Dann begriff er, daß sie ihre Erfahrungen austauschten, die sie in den Hainen rings um den Tempel der Aphrodite, der Göttin der Liebe, gemacht hatten. Dieser Tempel lag hoch und schimmernd auf jenem gelbbraunen Berg, der die Stadt überragte. Die Männer sprachen nicht ehrfürchtig von diesem Tempel, sondern mit einer Art wilder Erregung. Während sie ihren Wein tranken, wurden ihre Späße ausgelassener. Schließlich rühmten sie sich ohne jede Zurückhaltung der Orgien, an denen sie in der kommenden Nacht teilnehmen würden. Es war ja Vollmond. Da würde ein Tempelfest gefeiert werden, und die Göttin der Liebe würde allen freies Vergnügen gewähren.

Nur ein junger Mann saß abseits und beteiligte sich nicht an der Unterhaltung der andern und an ihren Späßen. Onesimus betrachtete sich sein Gesicht. Er hatte feine Gesichtszüge, sah aber sonst nicht besonders gut aus. Sein Ausdruck war ernst und zurückhaltend, und seine Augen blickten in die Ferne. Er erinnerte Onesimus an irgend jemanden, aber er entsann sich nicht mehr, an wen. Der junge Mann aß seine Bohnen und seinen Anteil vom Gerstenbrot; doch als sie ihre Weinbecher hoben und sich im Namen der Göttin Aphrodite zutranken, stellte er seinen Becher still beiseite und schaute weg.

Sie arbeiteten pausenlos den ganzen Nachmittag hindurch und wurden bei Sonnenuntergang ausbezahlt. Als sie sich der Stadt zuwandten, sahen sie schon die ersten Lichter aufblinken. Schon drängten sich Männer mit erregt glühenden Gesichtern zu den Hainen am Berghang.

„Willst du nicht mit mir nach Hause kommen?" fragte eine ruhige Stimme Onesimus. „Du bist hier fremd, das hast du in der Mittagspause erwähnt. Du kannst heute abend bei uns essen und schlafen."

Überrascht drehte sich Onesimus um. Der Junge, der beim Mittagessen abseits gesessen hatte, stand am Kreuzweg im Schatten des Apollotempels. Die Menge strömte vorwärts, und Onesimus war ihr begierig gefolgt. Auch sein Körper zitterte vor Erregung. Oh, dies würde endlich echtes Leben sein, echtes Vergnügen, das, was die Männer „Liebe” nannten! Aber als er in die Augen des Jungen blickte, wußte Onesimus plötzlich, an wen er ihn erinnert hatte. Die stillen, ernsten braunen Augen, die schlichte Sprechweise – ja, irgend etwas in ihm ähnelte Eirene. Der Gedanke an sie ließ ihn innehalten. Eine Welle von Heimweh und Scham überflutete ihn, als ihm klar wurde, daß er sie vergessen hatte, während er mit der Volksmenge mitlief. In jenen wilden nächtlichen Orgien, die im Namen der Göttin der Liebe gefeiert werden würden, war kein Raum für Eirenes Bild.

Außerdem war er schrecklich hungrig, und dort im Tempel auf dem Hügel wartete kein Essen auf ihn. Einen Augenblick lang zögerte er, dann folgte er dem Jungen hinunter in die Stadt bis zum Töpferviertel. Die frische Nachtluft kühlte sein erhitztes Blut ab; er konnte wieder nüchtern denken. Man hatte ihm ein Betäubungsmittel verabreicht, dann war er vierzig Meilen weit gelaufen, hatte nur wenig geschlafen und den ganzen Tag in glühender Hitze gearbeitet. Es wäre ja heller Wahnsinn gewesen, jetzt auch noch jenen Berg zu erklimmen. Die einzigen Dinge, nach denen er im Augenblick verlangte, waren Speise, Trank und ein Kissen, auf das er seinen noch immer schmerzenden Kopf betten konnte.

In diesem Teil der Stadt war es verhältnismäßig ruhig. Sie hatten die breiten, belebten Straßen und die Wirtshäuser hinter sich gelassen, in denen Syrer, Griechen und Römer tranken und lärmten. Schweigend schritten sie nebeneinander her, bis sie ein kleines Haus neben einem Haufen irdener Scherben erreichten. Nestor, der junge Bursche, trat ein.

Die Familie war zu Hause. Nestor begrüßte seinen

Vater mit einem Kuß. „Vater", sagte er, „ich habe einen Freund zum Übernachten mitgebracht. Er ist fremd in Korinth und hat noch keine Unterkunft."

„Da hast du wohl daran getan, mein Sohn", sprach der Vater. „Er soll uns willkommen sein." – Dann nahm er ein Stückchen Holzkohle von der Kohlenpfanne und malte schnell ein Zeichen auf den Fußboden. Nestor schüttelte den Kopf. Nun wurde der Gast hereingeführt, und man bot ihm einen Platz an. Ein kleines Mädchen brachte ihm Wasser zum Hände- und Füßewaschen, während Nestor baden ging und sich eine frische Tunika anzog. Als das Mahl angerichtet wurde, betrachtete sich Onesimus das Zeichen auf dem Fußboden. Seltsam, es sah aus wie ein Fisch. Dann wurde ein kräftiges Fleischgericht aufgetragen. Die Familie scharte sich darum, und der Hausvater segnete es im Namen Jesu Christi.

Da war er also wieder einmal bei Christen gelandet! Er hatte doch gleich einen Unterschied gemerkt. Es herrschte hier eine so merkwürdige Atmosphäre, gerade wie im Hause Philemons. Er hatte den Christen entfliehen wollen – und hier war er nun wieder mitten in sie hineingeraten! Ja, nun blieb ihm nichts anderes übrig, als sich an dem guten Essen und der freundlichen Tischrunde zu erfreuen. Die Mutter fragte ihn nach dem Woher. Alle wollten ihn bedienen. Die jüngste Tochter reichte ihm die schönste Frucht. Sie war ein zartes, kleines Ding von ungefähr vier Jahren, mit glattem braunem Haar, das ihr bis zur Taille herabfiel. Er lächelte sie an und stellte sich vor, wie wohl Eirene in dem Alter ausgesehen haben mochte. Sie würde sich hier bestimmt auch heimisch gefühlt haben. Auch er fühlte sich wohl im Kreis dieser Familie. Er erzählte ihnen, er sei ein phrygischer Edelmann, der seine Familie und sein Vermögen beim Erdbeben von

Laodizea verloren habe.

Wein wurde herumgereicht, ein jüngerer Bruder Nestors, der noch zur Schule ging, zeigte seine Aufgaben her, und dann sprachen sie über die Christengemeinde in Korinth. Viele Männer und Frauen gehörten ihr an. Heute abend sollte irgendeine Versammlung stattfinden. Nestor und sein Vater wollten auch hin. Sie luden Onesimus ein, mitzukommen, doch er war zu müde. So bereiteten sie ihm ein Lager im Töpferschuppen, segneten ihn im Namen Jesu Christi und verließen ihn.

Er mußte schon mehrere Stunden geschlafen haben, als er von halblauten Stimmen geweckt wurde. Vater und Sohn saßen auf der Schwelle und genossen den Mondschein und die kühle Nachtluft. Schlaftrunken lauschte er ihrem Gespräch.

„Wie kommst du dort im Hafen zurecht, Nestor?"

„Ach, ganz gut. Natürlich ist es nicht leicht. Sie rufen über jeder Weinflasche, die sie öffnen, den Namen eines Götzen aus. Und ihr Gerede! Müssen wir denn immer hier in Korinth leben, Vater? Ich komme mir hier vor wie in der Gosse. Es wundert mich nicht, daß unsere jungen Männer hier leicht auf Abwege geraten. Da ist dieser junge Bursche, den ich heute abend mitgebracht habe ... Nach der Art, wie er arbeitet, könnte ich mir vorstellen, daß er ein entlaufener Sklave ist. Er wollte den andern gerade zu jenen Hainen der Lust am Berghang folgen ... Siehst du, darum habe ich ihn zu uns eingeladen."

„Das war richtig, mein Sohn. Erzähle ihm morgen von Jesus. Doch nun zu deiner Arbeit. Ich werde dich bald als Lehrling in meiner Töpferei einstellen können. Bis dahin solltest du an das denken, was uns Paulus in seinem Brief geschrieben hat. Er sagte nicht, daß wir aus dieser Welt auswandern müßten, aber daß wir uns fernhalten sollten von Unzüchtigen und Götzenanbetern. Lerne es, mit ihnen zusammenzuleben und denke immer daran, daß unser Leib ein Tempel des Heiligen Geistes ist, der mit einem hohen Preis erkauft worden ist..."

Ihre Stimmen verhallten, Onesimus schlief wieder ein. Es machte ihm nichts aus, daß sie herausgefunden hatten, wer er war; diese Menschen würden ihn bestimmt nicht verraten.

Nachdem sie zusammen gefrühstückt hatten, schlugen die beiden Burschen früh am Morgen den Weg zum Hafen ein. Als sie so durch die stillen Straßen schlenderten, fiel die Scheu voreinander allmählich von ihnen ab.

„Wie brauchen uns nicht zu beeilen", sagte Nestor. „Die andern werden gestern abend alle völlig betrunken gewesen sein und werden erst in ein oder zwei Stunden auftauchen. Eher können wir nicht mit der Arbeit beginnen."

Onesimus musterte ihn neugierig. Jetzt, nachdem er geschlafen hatte, hätte er fast gewünscht, an den nächtlichen Orgien teilgenommen zu haben, um einfach mal zu sehen, was dort vor sich ging.

„Sag, Nestor, bist du schon einmal oben am Berghang gewesen?" fragte er unvermittelt.

Der junge Mann lächelte traurig. „Oh ja, Onesimus, sogar viele Male", antwortete er. „Ich war genau wie all die andern – bis Jesus mir begegnete. Als Paulus uns das Evangelium verkündigte, haben wir nicht gleich alles verstanden. Wir sind eben in dieser Gosse aufgewachsen. Erst als er uns einen Brief schrieb, bin ich ganz davon losgekommen. Er erklärte uns, daß unsere Leiber Glieder Jesu Christi und Tempel des Heiligen Geistes seien, rein gewaschen, gerechtfertigt und geheiligt. Zu Anfang fiel es mir schwer; aber jetzt kann ich es nicht mal mit anhören, wenn sie darüber sprechen."

Onesimus starrte ihn verwundert an. „Sprichst du auch die Wahrheit, Nestor?" sprudelte er plötzlich hervor. „Bist du noch ein lebendiger Mann mit rotem Blut in den Adern? Oder hat dein Jesus dich in eine Marionette oder eine Art Halbgott verwandelt? Ich verstehe das nicht!"

Nestor blieb stehen und dachte nach. Er war nicht beleidigt; er suchte nur nach den rechten Worten.

„Ich glaube, ich bin jetzt ein besserer Mann und ein besserer Mensch als je zuvor", erwiderte er nachdenklich. „Früher war ich bloß ein Tier, das jeder Begierde seines Körpers gehorchte. Zwar mahnte mich Gottes Geist, und ich haßte meine Begierden, konnte ihnen aber doch nicht widerstehen. Und dann ... nun ja, man könnte es wohl so ausdrücken, daß wir in einer Hinsicht Götter geworden sind. Paulus sagt, daß Gott einen hellen Schein in unsere Herzen gegeben hat. Wir sahen das Licht der Herrlichkeit Gottes im Antlitz Jesu Christi aufleuchten. Gott war in Christus, und Christus lebt in uns, und so wurden wir echte Männer, die Kraft empfangen haben, um ihre Begierden zu beherrschen, ganz neue Geschöpfe in Jesus Christus. Nein, wir möchten bestimmt nicht mehr zu unserm tierischen Dasein zurückkehren. Das Alte ist vergangen, es ist alles neu geworden. Gott kam in Jesus zu uns hernieder."

Sie hatten jetzt die Hafenstraße erreicht und gingen schweigend nebeneinander her. Nestor hob sein frisches Gesicht der Morgensonne entgegen. Da durchfuhr Onesimus ein leichter Schauder. Das war die Frage, die er an Alpheus hatte richten wollen. Und hier hatte er nun die Antwort. Wie einfach sie war! Gott war in Christus zu ihm herabgekommen. Das war der Berührungspunkt, nach dem er hatte fragen wollen. Aber er hatte die Wahrheit über sich gesagt in jener Nacht, als er mit Archippus auf der Heuwiese saß: „Ich fürchte mich vor jenem Jesus, der in dir wohnt."

Jetzt fürchtete er sich noch mehr als damals. Es war ihm, als ob ihn unsterbliche Füße verfolgten. Alles war ihm fehlgeschlagen. Diana war ein scheußliches Götterbild; im schönen Tempel der Athene war er betrogen und ausgeraubt worden; in den Vorhöfen der Göttin der Liebe waren weder Zärtlichkeit noch Reinheit zu finden, sondern nur Sinnenlust, Schande und Schmutz. Dieser Jesus mit seinen schweren Forderungen war der einzige, der übrigblieb.

Er mußte fort von diesen Christen, deren „Geruch" er nicht ertrug. Er trug seinen Lohn in der Tasche, da wollte er lieber essen und trinken und fröhlich sein. Sie hatten jetzt beinahe den Hafen erreicht, da sah er ein stolzes Schiff mit zusammengerolltem Segel in der Dünung schaukeln.

„Es muß in der Nacht vor Anker gegangen sein", sagte Onesimus.

„Ja, aber nur für zwölf Stunden", erwiderte Nestor, der sich auskannte. „Das ist das Getreideschiff des Kaisers. Wenn der Wind günstig ist, wird es noch heute abend nach Puteoli oder Ostia, dem Hafen von Rom, absegeln."

Und Onesimus, der nur an Flucht dachte, sagte zu sich selbst: Ich will mitfahren!

18

„Suchst du Arbeit?" – Onesimus fuhr zusammen. Er hatte auf dem Forum auf einer Kiste gesessen und im warmen Sonnenschein vor sich hin gedöst. In Rom war es nicht oft möglich, sich ausgiebigem Schlaf hinzugeben: Tagsüber machte der Pöbel einen infernalischen Lärm und nachts die Fahrzeuge, ganz zu schweigen von der bitteren Kälte im Winter und der sengenden Hitze im Sommer. Doch jetzt würde es wenigstens ein paar Wochen lang Frühling sein, und der Schnee in den Albanerbergen würde schmelzen. In den Gärten an den Ufern des Tibers würde das Gras grün werden; sogar Blumen würden aufblühen, trotz dieser Menschenmassen, und trotz des Gestanks aus den Abflußkanälen. Er hatte ein wenig geträumt, als er da auf seiner Kiste saß. Frühling in Kolossä! Die angeschwollenen Bergbäche, die reine Luft der Hochfläche, diese gesegnete Stille, die höchstens vom Blöken eines Lammes durchbrochen wurde, und die Narzissen an den Ufern der Wasserläufe! Oh, ihr Götter! Warum hatte er das alles nur verlassen?

„Suchst du Arbeit?" – Die Stimme war gebieterisch und ungeduldig.

Onesimus hob den Kopf und sah den Sprecher mit verschleierten Augen an. Sein Gesicht war dünn und hager, das Gesicht eines müden Mannes. Aber da er als Wasserträger gearbeitet hatte, waren seine Muskeln kräftig geblieben. Der Mann vor ihm starrte seine Muskeln und seinen breiten Rücken an, als ob er damit etwas im Sinne hätte.

„Was für eine Arbeit?"

Schlimmer als jetzt konnte es ja schließlich für ihn nicht mehr werden. In der vorigen Nacht, als in seiner Straße ein baufälliges Haus einstürzte, war er schon fast entschlossen gewesen, an den Fluß hinunter zu schleichen und seinem Leben ein Ende zu machen. Tausende, die das Leben nicht länger ertragen konnten, fanden dort unten im Tiber ihr Grab. Doch das Flußwasser war schmutzig, und er hatte Angst vor dem Tod. Es konnte ja auch nicht immer so bleiben. Vielleicht würde sich mit dem kommenden Frühling auch sein Geschick wenden.

„Eine gute Arbeit", sagte der Mann, „eine Arbeit für einen Mann mit deinen Muskeln. Eine einmalige Gelegenheit, um zu Reichtum, Ruhm und Ehren zu gelangen! Eine einmalige Gelegenheit, bis zum kaiserlichen Hof vorzudringen, ja, vor den Kaiser selber hinzutreten! Nun, was sagst du dazu? Los, komm, und laß dich zum Gladiator ausbilden! Neros Hochzeit mit der göttlichen Poppaea wird bald gefeiert werden, und dann müssen die Spiele glänzender und wagemutiger sein als je zuvor."

Onesimus betrachtete den Sprecher nachdenklich und lachte dann kurz auf. „Ja, ja, eine wunderbare Gelegenheit, nachher tot im Sande zu liegen, mit einem Dolch im Leib", entgegnete er. „Doch wer weiß, vielleicht ist der Tod dem Leben, das ich jetzt führe, immer noch vorzuziehen. Gibst du mir Unterkunft und Verpflegung?"

„Aber gewiß", erwiderte der Mann. „Hol deine Sachen und melde dich heute abend bei mir. Dann wirst du deinen Eid ablegen und zu der vornehmsten Gladiatorentruppe Italiens gehören."

Er wandte sich ab, und Onesimus stand auf und schlenderte langsam und mit dumpfem Kopf durch die Straßen. Er schritt durch stickige Gassen, in die nie ein Hauch des Frühlings drang, und wo sich der Abschaum der Menschheit zusammendrängte, in ständiger Furcht vor Feuersbrünsten und vor einstürzenden Bauwerken. Dann betrat er das hohe, vierstöckige Haus, wo er in einer Dachkammer hauste, in der es wenig Luft und noch weniger Licht gab.

Er hatte nicht viel zusammenzupacken: ein Kleiderbündel, ein paar Geldstücke und eine Decke. Mit seinen Sachen beladen, begab er sich zum Hauswirt, um ihm mitzuteilen, daß die Dachkammer nun frei sei. Dann war er draußen auf der Straße und hatte einen ganzen freien Tag vor sich, bevor er sich unwiderruflich, mit Leib und Seele, dem Vermittler verkaufen würde. Und diese neue Sklaverei konnte dann nur noch durch den Tod beendet werden oder, nach mehrfachem Sieg, durch Verleihung des hölzernen Freistabes.

Sein letzter Tag in Freiheit – wie sollte er ihn verbringen? Zuerst kaufte er sich Brot, Obst und Wein und wanderte dann zur Stadt hinaus. Sein Weg führte ihn am Zirkus vorbei und unter dem Triumphbogen des Drusus hindurch, später zu den Landhäusern in den Vorstädten, wo sich die Bauern in Scharen herandrängten, um ihre Erzeugnisse auf den Markt zu bringen. Zuletzt hatte er die Via Appia erreicht. Zu seiner Linken lagen die Albanerberge im kühlen Morgensonnenschein. Onesimus schlüpfte zwischen den Grabdenkmälern und Standbildern, welche die Straße umsäumten, hindurch und folgte einem schmalen Pfad, der in die Berge hinaufführte. Er frühstückte auf einem Abhang neben einem schäumenden Fluß. In dem frischen Gras ringsumher leuchteten Ringelblumen und Gänseblümchen wie

Sterne. Vögel sangen, und Lämmer blökten, und unten im Tal sah er einen Obstgarten mit üppig blühenden Pfirsichbäumen. In der Nähe sang ein fröhlicher Sklave, der einen Bewässerungsgraben grub, und neben ihm lachte ein Kind. Alles verkündete frohen Neuanfang; doch Onesimus wußte, daß für ihn das Ende nahe war.

Vor zwei Jahren war er müde und mit wunden Füßen die 190 Kilometer von Puteoli bis Rom gelaufen. Damals hatte er zum erstenmal oben auf der Via Appia gestanden und voller Erwartung hinuntergeschaut auf die riesige, dichtbevölkerte Hauptstadt. Hier schlug das Herz des Weltreiches, hier war der Sitz des gottähnlichen Kaisers, das Land, in das die Völker der Erde ihr Korn und ihren Wein brachten, ihre Gewürze und andere kostbare Waren, die Stadt, deren Legionen die entferntesten Winkel der Erde betraten. Hier würde er gewiß heimisch werden und sein Glück machen und sein Haupt stolz und frei erheben. Und wenn er hier, wie er hoffte, zwischen diesen Marmortempeln und glänzenden Statuen erst ein Vermögen gewonnen hatte, würde er als stolzer, freier Mann unverzüglich nach Laodizea zurückeilen.

Schon bald hatte er aber entdeckt, daß dieses Rom zwei Gesichter hatte. Und in keinem von beiden hatte er bisher etwas Gutes gefunden. Den gottähnlichen Kaiser hatte er einmal gesehen, wie er in einem Theater seine eigenen Gedichte deklamierte. Das sollte ein Gott sein? War das nicht nur ein dicker, hysterischer junger Mann mit einem ziemlich losen Mundwerk, der, wie man sich zuflüsterte, seine Mutter und seine Frau ermordet und Seneca, seinen treusten Ratgeber, verbannt hatte? Überall in Rom schilderten Sklaven seine nächtlichen Orgien, wo Männer und Frauen schmausten, bis sie sich übergeben mußten, und danach weiter aßen; wo der Wein aus Brunnen floß und die Gäste tranken, bis sie unter den Tisch fielen. Das Antlitz des königlichen Hofes war verdorben, grausam, vergnügungssüchtig, üppig und verschwenderisch.

Das zweite Gesicht Roms war die Armut. Tausende, die von den Getreidespenden des Kaisers ernährt wurden, lungerten müßig herum und schauten den Spielen zu. Anders erging es den Fremden, die, wie er selbst, ihr Land verlassen hatten und durch schöne Versprechungen nach Rom gelockt worden waren. Ihnen standen keine Getreiderationen zu. In Höhlen und in wackligen, überfüllten Häusern zusammengepfercht, versuchten sie, sich ihren Lebensunterhalt zu verdienen, so gut sie es vermochten. Falls ihnen das nicht gelang, verkauften sie sich selbst als Sklaven.

Ja, so weit war es nun auch mit ihm gekommen. Die harten Kämpfe der letzten beiden Jahre endeten also mit dieser neuen, unheildrohenden Sklaverei, mit der beinahe sicheren Aussicht auf einen gewaltsamen Tod. Was würde er dafür eintauschen? Nichts weiter als ein bißchen Nahrung, um dieses grausige Geschäft des Lebens damit zu verlängern.

Er wanderte weiter in die Berge hinein, sog tief die reine Frühlingsluft ein, trank frisches, reines Quellwasser und schaute sich – vielleicht zum letztenmal – grünendes Gras und blühende Blumen an. Doch daran mochte er nicht denken. Am Nachmittag kehrte er in die Stadt zurück.

Bevor die Sonne unterging, hatte er schon seinen Eid abgelegt und den Vertrag unterzeichnet. Alle Menschenrechte gab er dadurch preis und erklärte sich bereit, den Befehlen des Vermittlers zu gehorchen. Die reichliche Mahlzeit, die aufgetragen wurde, sobald er die Kaserne betreten hatte, stärkte ihn. Seit Kolossä hatte er nie mehr ein solches Mahl gekostet. Auch Wein wurde großzügig ausgeschenkt, und die Wohnräume, in denen sie leben sollten, waren bequem mit Bädern und Turnhallen ausgestattet. Vielleicht würde das Leben hier ganz vergnüglich sein – so lange es nun eben währte – dachte Onesimus. Als er dann aber seine Gefährten sah, sank ihm der Mut. Es waren hünenhafte Männer von riesigem Wuchs und mit gewaltigen Muskeln, doch ihre Gesichter waren grob geschnitten und vom Blutvergießen verroht; viele rühmten sich ihrer Narben. Die meisten schlangen das Essen gierig hinunter, lachten, scherzten und fluchten dabei. Morgen sollte kein Turnier stattfinden, so konnten sie sich nach Herzenslust amüsieren.

Nicht alle waren so. Drüben in der Ecke saß ein Mann, wie Onesimus noch keinen gesehen hatte: ein blonder, blauäugiger Riese, der sein Essen maßvoll zu sich nahm. Er scherzte und fluchte nicht, und sein Antlitz war traurig, als er seinen Blick in die Runde schweifen ließ. Einmal ruhten seine Augen auf dem Neuankömmling, und da lächelte er ein sanftes, halb entschuldigendes Lächeln.

Wenn Unterkunft und Verpflegung auch sehr gut waren, so war das Training doch sehr hart. Die künftigen Gladiatoren wurden wie Sträflinge behandelt; sie wurden geschlagen und angestachelt wie Tiere. Schwitzend, keuchend und fluchend mußten sie täglich übermenschliche Proben an Kraft und Ausdauer ablegen. Versagten sie, so wurden sie unbarmherzig bestraft. Am Ende des vierten Tages, als er erschöpft auf dem Rücken lag, fragte sich Onesimus voller Bitterkeit, welcher Unterschied denn eigentlich noch bestand zwischen ihnen und den wilden Tieren in den Käfigen des Amphitheaters, denen man mit der Peitsche Kunststückchen zur Unterhaltung des Kaisers beibrachte.

Als er die Augen aufschlug, war er überrascht, den blauäugigen Riesen neben sich sitzen zu sehen. „Morgen findet ein Fest statt", sagte er. Er sprach langsam und mit fremdem Akzent. „Nero wird im Amphitheater auf dem kaiserlichen Thron sitzen, und wir werden paarweise bis zum Tode gegeneinander kämpfen. Du wirst zuschauen müssen, damit du dich an den Anblick des Blutes gewöhnst."

Onesimus erbleichte. „Und du?" fragte er. „Wirst du mitkämpfen?"

„Ja. Ich war schon zweimal dabei. Da habe ich meinen Gegner niedergestreckt und die Siegespalme gewonnen. Wenn ich noch drei- oder viermal siege, werden sie mir meinen Freistab geben. Dann kann ich diesem schändlichen, mörderischen Geschäft für immer den Rücken kehren."

„Wenn du es so sehr haßt, warum hast du dann den Vertrag unterschrieben?"

„Ich hatte keine andere Wahl. Ich wurde im Triumphzug des Aulus Plautus aus Britannien herübergebracht. Viele von uns wurden getötet. Ich war nur ein junger Knabe, da nahm er mich als Sklave in seinen Haushalt auf. Sieben Jahre lang diente ich ihm und seiner gütigen Frau Pomponia Graecina. Dann wurde sie auf Befehl dieses bösen Kaisers verhört und abgeurteilt, weil sie andern Göttern diente als jenen, die schon ganz Rom längst abgesetzt hat. Ihr Haushalt wurde aufgelöst, und ich wurde an einen grausamen Nichtstuer verkauft. Der starb an Trunksucht. Wegen meiner großen Kraft wurde ich an den Vermittler verkauft."

„Und wenn du deinen Freistab gewinnst, was wirst du dann tun?"

Er lächelte sein sanftes Lächeln, das ihn mehr als je

zu einem Fremden machte inmitten dieser groben, gewalttätigen Gesellschaft. „Wer seinen Freistab gewinnt, wird ein reicher Mann", sagte er. „Zuerst werde ich mir meine Freiheit erkaufen. Sobald dann die nächste Legion abmarschiert, werde ich heimkehren."

„Heim? Nach Britannien?"

„O ja. Es ist ein gutes Land. Keine glühende Hitze und keine gräßlichen, lärmerfüllten Städte. Das Meer ist kalt und grau, und auf den Felsen hebt sich das Heidekraut purpurrot gegen einen grauen Himmel ab. Unsere Lehmhütte lag nahe bei der Küste. Vielleicht steht sie noch da."

„Mit wem wirst du kämpfen?"

„Das weiß ich nicht. Die Gegner werden ausgelost. Schau dir deine Kameraden heute abend genau an, Onesimus. Nur die Hälfte von ihnen wird zurückkehren. Die stumpfen Holzwaffen, mit denen du zustoßen gelernt hast, werden morgen beiseite getan und durch Schwerter und Dolche aus scharf geschliffenem Stahl ersetzt werden."

An jenem Abend wurde den Gladiatoren ein verschwenderisches Festmahl vorgesetzt. Das Volk durfte dabei zuschauen und sich die Helden des morgigen Tages ansehen. Die meisten der Kämpfer sprachen den Speisen reichlich zu und machten dabei ihre Späße. Sie wollten die wenigen Stunden, die sie vielleicht noch zu leben hatten, nach Herzenslust genießen. Andere langten vorsichtiger zu und tranken nur wenig, um ihre Sinne nicht zu betäuben; und wieder andere, die schon von Todesfurcht und bangen Ahnungen befallen waren, brachen in Tränen aus und riefen ihre Götter an.

Onesimus wurde es bei dem Gelage unheimlich zumute. Er hatte keinen großen Appetit. Es gelang ihm, einen Platz neben dem Briten zu finden. Die Gefaßtheit des älteren Mannes flößte ihm Kraft ein. Bisher war ihm alles ziemlich gleichgültig gewesen. Jetzt sehnte er sich plötzlich leidenschaftlich danach, daß sein Freund gewinnen und frei sein und heimkehren möchte in sein seltsames, kaltes Land im Norden, zu seinen Vätern und zu seinen Göttern.

„Was für Götter verehrt ihr dort in Britannien?" fragte Onesimus plötzlich.

Der Mann wandte sich ihm nachdenklich zu.

„In meiner Heimat verehrten wir die Götter des Donners und des Krieges. Sie rufe ich in der Arena an. Doch meine Herrin Pomponia verehrte einen Gott der Barmherzigkeit, des Friedens und der Liebe, der alle Menschen zu sich ruft, Juden und Heiden, Sklaven und Freie, Männer und Frauen, Erwachsene und Kinder. Wenn ich morgen sterben muß, will ich meinen Geist Pomponias Gott anbefehlen."

Bleich vor Entsetzen starrte Onesimus ihn an. Wie? Wollten jene nimmermüden Füße ihn schon wieder einholen? Sie mußten es sein – kein anderer Gott hatte sich je einen Gott der Barmherzigkeit, des Friedens und der Liebe genannt. Er fühlte sich um Jahre zurückversetzt und achtete nicht mehr auf das Rülpsen und Schlürfen und Gelächter ringsumher, das dem nahen Tode Trotz zu bieten versuchte. Er atmete den Duft wohlriechender Kräuter ein, er sah ein schönes, junges, von Blumen umrahmtes Antlitz, das sich zu ihm emporhob und hörte eine zarte Stimme schüchtern fragen: „Hat denn einer unserer eigenen Götter je gesagt: ‚Lasset die Kindlein zu mir kommen'? Ich glaube, das hat nur Jesus Christus gesagt."

19

Der Brite siegte im Kampf. Jetzt wurde sein Training noch härter. Doch während der heißen Sommermonate wurde er dem Amphitheater ferngehalten. Neros Hochzeit mit Poppaea nahte heran. Da durften die besten Gladiatoren nicht schon vorher getötet werden. Auch Onesimus wurde wegen seines guten Aussehens und seines anmutigen Körpers sorgsam vor dem Tode und vor entstellenden Verletzungen bewahrt. Täglich kämpfte er in der Turnhalle mit stumpfen Waffen, um seine Muskeln zu kräftigen. Damit er sich an den Anblick von Blut gewöhnte, mußte er zweimal in der Woche zuschauen, wie man verurteilte Verbrecher den wilden Tieren vorwarf. Zweimal mußte er auch bei einer Veranstaltung mitwirken. Man hatte ihm einen halb ausgebildeten, nicht sehr hoffnungsvollen Gladiatoren als Partner zugewiesen, den er mühelos niederstreckte. Beim erstenmal hatte er noch gezittert und sich geekelt; doch beim zweiten Mal wandte er sich rasch von der zusammengebrochenen Gestalt im Sand ab, empfing seine Siegespalme und achtete nur noch auf die Gold- und Silberstücke, welche die Zuschauer ihm zuwarfen.

Onesimus gewöhnte sich von Tag zu Tag mehr an das Gemetzel und an das Blutvergießen; er wurde seinen rohen Kampfgefährten immer ähnlicher. Und doch hielten ihn noch zwei Fäden fest und bewahrten ihn davor, in die äußerste Verrohung und Entwürdigung hinabzugleiten. Der eine Faden war seine Feundschaft mit dem Briten, der sich nicht besudeln konnte wie die andern und der dieses ganze Geschäft aus tiefster Seele haßte. Inmitten von Tod, Gewalttaten und Ausschweifungen bewahrte sich dieser Mann sein kindlich-einfältiges Gemüt als einer, der nie richtig zu den andern gehörte. An sein gütiges Wesen klammerte sich Onesimus wie an einen Felsen, damit er nicht sein Menschsein verlöre und für immer auf die Stufe eines Tieres herabsänke.

Der zweite Faden war die Erinnerung an Eirene. Er mußte ja hier in dieser glühend heißen Stadt leben, wo der Sand nach getrocknetem Blut roch und wo die Menschen immer tiefer in den Abgrund des Lasters hinabglitten. Eirenes Heimat dagegen war die Bergschlucht, wo die Luft kühl und rein, das Wasser klar und die Felsen scharf und zackig waren. Wenn er sie jemals wiedersehen wollte, durfte er sich nicht zu einem Tier erniedrigen lassen. Wer weiß – wenn er weiterhin siegreich blieb, konnte er eines Tages vielleicht noch ein reicher, freier Mann werden. Dann könnte er in seine Heimat zurückkehren, geradeso wie der Brite es vorhatte.

Während die drückend heißen Tage langsam vorüberzogen, erhielt die erlesene Gruppe der Sieger eine besondere Ausbildung. Sie kämpfte nicht mehr mit im Amphitheater, sondern mußte schon vor Sonnenaufgang mit ihren Übungen beginnen und sich auch einer besonderen Diät unterziehen. Sie wurden gründlicher massiert, ihre Turnierübungen wurden verstärkt und ihre Mußestunden sorgfältiger überwacht. „Ausgesuchtes Schlachtvieh" nannten ihre Gefährten sie. Und doch freute sich Onesimus im stillen. Es war beinahe sicher, daß alle Gladiatoren, welche die großen Tage der Hochzeitsfeierlichkeiten überlebten, ihren Freistab erhalten würden. Auch wußte er ganz gut, daß die Wettlustigen fast alle auf ihn und auf den Briten setzten.

Als sich die Festtage näherten, durfte die Gruppe die Kaserne nur noch selten verlassen, denn diese Männer wurden zu den kostbarsten Besitztümern Roms gezählt. Und doch bekamen sie etwas von der Aufregung zu spüren, die in der Luft lag und von den großartigen Vorbereitungen, die getroffen wurden. Die prätorianischen Kohorten exerzierten fast den ganzen Tag lang auf dem Marsfeld. In den Häfen drängten sich die Schiffe, die erlesene Früchte herbeibrachten, auch Gewürze und goldene und silberne Raritäten aus aller Herren Länder.

Alle Provinzen sandten dem Kaiser ihren Tribut. Nacht für Nacht wurden Käfige mit Flußpferden aus Nubien, Löwen aus Mesopotamien und Elefanten, Leoparden und Panthern aus Nordafrika durch die Straßen gerollt. In manchen Stadtvierteln konnten die Leute wegen des angstvollen Gebrülls der Tiere keinen Schlaf mehr finden. Jedermann war in Festtagsstimmung, denn Wein, Brot und Süßigkeiten würden an alle verteilt werden, und man würde für ein paar herrliche Wochen in Saus und Braus leben.

Je näher der Eröffnungstag heranrückte, desto unruhiger wurde Onesimus. Tagsüber frohlockte er siegesgewiß, wenn er das Blut des Kampfes witterte und das Klirren der Waffen hörte. Wenn er dieses Gemetzel lebendig überstand, würde er bestimmt seinen Freistab erhalten und sich mit den größten Namen Roms messen dürfen. Doch in der Nacht erwachte er schweißgebadet voll seltsam düsterer Vorahnungen, als ob die Schatten des Todes schon über ihm hingen. Eines Nachts wurde es so schlimm, daß er aufstand und in seinem Schlafzimmer auf und ab ging. Da gesellte sich sein Freund, der

Brite, zu ihm.

„Ich kenne das", sagte er. „Das ist die nächtliche Angst. Ach, ich fürchte, ich werde meine Heimat niemals wiedersehen. Oh, was würde ich darum geben, wenn ich noch einmal den linden Sommerregen auf meinem Gesicht fühlen und den feuchten Lehm der Eichenwälder riechen dürfte!"

An den ersten Tagen des großen Festes ging alles gut. Der Brite war in der Gruppe der Samniten und kämpfte mit Schwert und Schild. Onesimus, der zur Gruppe der Thrazier gehörte, war mit einem Dolch und einem Rundschild bewaffnet. Die beiden stachen alle andern aus. Wenn das übrige Unterhaltungsprogramm abgelaufen war und die befriedigte Menge erschöpft zurücksank, sprangen die Gladiatoren von ihren Wagen und brachten frischen Wind und neues Leben in das Amphitheater. In militärischen Uniformen marschierten sie rings um die Arena, während Diener ihnen ihre Waffen nachtrugen. Wenn sie die königliche Loge erreicht hatten, drehten sie sich um, streckten ihre rechte Hand dem Kaiser entgegen und riefen: „Heil dir, o Kaiser, wir, die Todgeweihten, grüßen dich!" Tag für Tag sahen der Brite und sein Freund ihre Gegner zu Boden sinken, manchmal tot, manchmal auch nur verwundet. Wenn der Besiegte noch die Kraft dazu hatte, konnte er seinen linken Arm heben und dadurch um Gnade bitten. In der tödlichen Stille, die darauf folgte, richteten sich aller Augen auf Nero, der durch eine Bewegung seines Daumens das Leben des Verletzten erhalten oder es endgültig vernichten konnte. Tag für Tag erhielten die beiden Freunde allerlei kostbare Geschenke und mit Gold beladene Platten. Sie wurden allmählich reich. Bestimmt würde es nicht mehr lange dauern, bis sie freigelassen wurden. Es waren ja so viele gestorben.

Dann brach das Unheil über sie herein. Es war ein toller Tag gewesen. Die Wagenlenker und ihre Rennpferde hatten eine aufregende Schau geboten und sich mit Ruhm bedeckt. Zwanzig Elefanten hatten mit einer Mannschaft bewaffneter Barbaren bis zum Tode gekämpft. Verbrecher waren gegen Leoparden angetreten. Elefanten waren vor der Loge des Kaisers niedergekniet und hatten mit ihren Rüsseln lateinische Sätze in den Sand gemalt. Bewaffnete Männer hatten mit Stieren gekämpft; Löwen und Tiger hatten einander in Stücke gerissen. Ermattet von all dem Blutvergießen und Abschlachten, dösten die erschöpften Zuschauer in den schwülen Abend hinein.

Eßwaren und Geld wurden der Volksmenge gespendet, denn die Flamme ihrer Begeisterung mußte hell am Brennen erhalten werden. Poppaea, die neben ihrem Gatten saß, fing an zu gähnen. Irgend etwas mußte sogleich geschehen. Nero flüsterte einem Bedienten etwas zu, der forteilte, um den Auftrag auszuführen.

„Die Gladiatoren, die Gladiatoren!" – Für gewöhnlich ließ dieser Ruf jedermann aufmerken; doch heute abend waren die Römer lustlos und träge. Der Beifall war nicht so ohrenbetäubend wie sonst, als die jungen Riesen ihren Kaiser grüßten und sich dann zurückzogen, um ihre Partner auszulosen. Der Vermittler blickte ihnen verstört entgegen.

„Der göttliche Kaiser möchte etwas Neues sehen", verkündete er. „Er hat befohlen, daß der Brite gegen den Phrygier kämpfen soll, der Thrazier gegen den Samniten, der Dolch gegen das Schwert. Das wird ein ungleicher Kampf werden. Los, nehmt eure Waffen! Die Musik setzt schon ein!"

So weit war es also gekommen. Der Freund mußte den Freund töten. Onesimus wandte den Blick ab; der

Mund wurde ihm trocken vor Angst. Heute würde der Brite seinen Freistab gewinnen, denn das Schwert war dem Dolch weit überlegen. Doch er, Onesimus, würde dann nicht mehr da sein, um sich mit ihm darüber zu freuen.

„Beeilt euch!" zischte der Vermittler. „Die Trompeten blasen schon!"

Gab das eine Überraschung, als die beiden Sieger mit ihren so verschiedenen Waffen die Arena betraten! Dann brach ein ungeheurer Beifall los. Jetzt brauchte man nicht mehr um die Stimmung der Volksmenge zu bangen! Sogar die Senatoren hatten sich von ihren Sitzen erhoben. Einen Augenblick lang verhielten die Kämpfer und standen sich schweigend gegenüber. Dann machte der Brite einen schwachen Ausfall mit seinem Schwert, dem Onesimus geschickt auswich.

Was ging hier vor? Diese beiden Männer dachten nicht daran, einen Kampf auf Leben und Tod auszufechten; die schienen wohl „Waffenstillstand" zu spielen? Die Volksmenge brüllte, um sie anzufeuern. Bald würde Nero in Wut geraten. Der Ausbilder überquerte die Arena mit einer Peitsche in der Hand und begann, sie damit auf die Waden zu schlagen. „Los! Stoßt zu!" zischte er. „Seid ihr denn weichherzige Frauenzimmer, daß ihr so herumtrödelt? Los! Stoßt zu! Oder soll ich die wilden Tiere auf euch loslassen?"

Der Brite machte einen gewaltigen Ausfall, doch er ließ nur die stumpfe Seite seines Schwertes mit unerhörter Wucht auf Onesimus' linken Arm niedersausen, so daß ihm der Knochen wie ein Streichholz zerbrach. Der Rundschild des jungen Mannes fiel zu Boden, und er sprang auf den Briten los. Er schloß die Augen und stieß dem Briten seinen Dolch tief in die Brust. Der hieb noch einmal nach Onesimus' Schulter, dann taumelte er blutend zurück. Langsam sank er zu Boden. Die wild triumphierende Menge war wie ein Mann emporgeschnellt.

Onesimus zog den Dolch aus der Brust seines Gegners. Seinem Instinkt folgend, hatte er ihn genau über dem Herzen durchbohrt. Er hörte nichts von dem wilden Geschrei rings umher. Still und in Schmerz versunken stand er da und blickte nieder auf seinen sterbenden Freund, der ihn so leicht hätte töten können, wenn er es gewollt hätte. Die blauen Augen begegneten den seinen. In ihrem Blick las er weder Zorn noch Groll, nur Güte und geduldiges Leiden. „Pomponias Gott der Barmherzigkeit befehle ich mich an", flüsterte er, dann sank er zusammen auf dem blutbefleckten Sand. Er war heimgegangen.

„Den Freistab! Den Freistab!"

Diese Worte pflanzten sich aufbrausend rund um das Amphitheater fort. Nero lehnte sich in seiner Loge vor, sein aufgedunsenes Gesicht verzog sich zu einem breiten Grinsen, als er den begehrten hölzernen Stab, das Zeichen der Freilassung, herabfallen ließ. Es regnete Gold, Blumen und Geschenke auf Onesimus, doch er wandte dem allem den Rücken zu und floh aus der Arena. Der Blutverlust und die Schmerzen des gebrochenen Arms machten ihn schwach und schwindelig. Aber was bedeutete das schon im Vergleich zu der Qual seines Herzens? Was fragte er jetzt noch nach Reichtum, Ehre und Ruhm? Er hatte seinen Freund getötet, den einzigen guten Menschen, den er in dieser lasterhaften Stadt kannte. Mochten sie nun beide miteinander sterben!

Er schleppte sich durch die dunklen Straßen. Der Vollmond schien. Es war angenehm kühl. Bis zum Tiber war es nicht weit. Er würde ein Stückchen am

Ufer entlangwandern, bis er eine Stelle fand, wo das Wasser nicht so schmutzig war. Und dann – er hoffte, er würde Vergessen finden, aber genau wußte er es nicht. Einmal hatte es einen Weg zu ewiger Freude gegeben, doch er hatte sich damals geweigert, ihn zu gehen. Es war ihm, als ob Augen ihn verfolgten, während er mühsam vorwärtswankte: die angstvollen Augen des Archippus, als er unter die Volksmenge geriet; die liebenden Augen seiner Mutter, als er ihr jenen Schlag versetzte; Glaucus' erschrockne Augen, als er ihm das Gold zuwarf; die traurigen, verzeihenden Augen des sterbenden Briten. Von Gewissensbissen gehetzt, taumelte er weiter. Jetzt stand er am Ufer des Flusses und blickte hinunter auf das schwarze Wasser. Die Todesfurcht legte sich um sein Herz; er zögerte.

Plötzlich vernahm er Schritte neben sich auf dem Pfad. Erschrocken wandte er sich um. Eine Gestalt ging vorüber. Das Mondlicht beschien die ausgeprägten Gesichtszüge eines Juden. Onesimus erkannte ihn sofort. Er fühlte sich um Jahre zurückversetzt und befand sich auf einmal wieder in dem Webschuppen zu Ephesus, ein müder Junge, der befürchtete, die nächtliche Unterredung seines Herrn Philemon würde niemals ein Ende finden.

„Herr Aquila! Herr Aquila!" – Er sank auf die Knie und klammerte sich mit der Rechten an den Mantel des Vorübergehenden. Dann wurde es dunkel um ihn. Er hörte das Gemurmel des Flusses nicht mehr, sondern fiel in eine tiefe Ohnmacht.

20

Undeutlich spürte Onesimus, daß er aufgehoben und fortgetragen wurde, er vernahm ein fernes Stimmengemurmel, dann umgab ihn plötzlich Frieden und Stille, und er wußte nichts mehr. Erst am Nachmittag des folgenden Tages erwachte er. Die Sonne schien golden auf einen Innenhof, der mit einem Weinspalier bedeckt war. Er lag in einem kleinen Raum, der sich zu diesem Hof hin öffnete. Er fühlte sich noch zu schwach vom Blutverlust und lag eine Weile reglos da.

Allmählich erinnerte er sich wieder an alles, was geschehen war. Seine blutbesudelte Uniform hatte man ihm ausgezogen. Man hatte ihn gewaschen und ihm ein kühles, weißes Leinengewand angezogen. Er war dankbar, daß man ihm all dies schreckliche Blut abgewaschen hatte. Sein gebrochener Arm war sorgfältig geschient worden, und die Wunde in der Schulter hatte man ihm verbunden.

In was für ein friedliches Paradies war er nur geraten? Seine letzte deutliche Erinnerung war die Dunkelheit und das schwarze Wasser des Tiber. In seinen schmutzigen Tiefen würde er jetzt ruhen, wenn er nicht auf einmal jene Gestalt erblickt hätte. Mitten in der tiefsten Nacht seines Schreckens und Entsetzens war sie ihm erschienen, die Gestalt Aquilas aus Ephesus. Wahrscheinlich war er es auch gewesen, der ihn hierher gebracht, seine Wunden verbunden und ihm damit das

Leben gerettet hatte.

Aber wollte er denn überhaupt am Leben bleiben? Andere Erinnerungen stürmten mit aller Macht auf ihn ein: sein Freund, der hingestreckt im dunklen Sande lag; der rohe, als Charon verkleidete Aufseher, der herbeigeeilt kam und ihm mit einem Schlegel auf den Kopf schlug, um festzustellen, ob er wirklich tot war; jener letzte verzeihende Blick und die letzten geflüsterten Worte. Onesimus drehte sein Gesicht zur Wand, damit niemand sein Elend sehen möge.

Er hörte leise Schritte im Hof und blickte auf. Eine Frau stand an seinem Lager und starrte ihn nachdenklich an. Er hatte sie schon früher einmal gesehen. Geradeso hatte sie ihn angeschaut in jener schrecklichen Nacht, als er dachte, Archippus sei tot. Damals hatte sie ihn getröstet und ihm zu essen gegeben.

„Priscilla!" flüsterte er und fragte sich insgeheim, ob er am Ende nicht doch den Verstand verloren hätte und nun Gespenster sähe.

Sie starrte ihn noch immer an, als ob auch sie sein Gesicht wiedererkannt hätte und nun herauszufinden versuchte, wo sie sich einst begegnet waren. Aber ihr Gedächtnis ließ sie im Stich. Sie schüttelte leise den Kopf.

„Ephesus", sagte Onesimus mit schwacher Stimme. „Du hast mich aufgenommen und mich bei deinem kleinen Levi schlafen lassen in jener Nacht, als Paulus die Stadt verließ."

„Ah, jetzt fällt es mir wieder ein. Du warst damals ein armer, verschreckter Junge, der seinen Herrn suchte. Du hast dich sehr verändert. Wie kommt es, daß du jetzt in Rom bist?"

Er hatte sich noch keine glaubhafte Geschichte ausgedacht. Nun, er würde sich kaum zu fürchten brauchen, denn diese Christen würden ihn bestimmt nicht verraten und ausliefern.

„Mein Herr hat mir die Freiheit geschenkt", log er. „Ich habe auf einem Getreideschiff gearbeitet, und so bin ich nach Rom gekommen. Hier habe ich mir im Amphitheater Ruhm erworben."

„Da bist du also im Kampf verwundet worden. Ja, ich habe doch gleich die Uniform der Gladiatoren an dir erkannt. Du hast viel Blut verloren. Sei froh, daß du noch am Leben bist!"

„Ich wollte, ich wäre tot", brach es aus ihm hervor. „Vergangene Nacht habe ich meinen Freund getötet. Was bedeuten mir da noch Leben oder Ruhm?"

„Es gibt Vergebung und neues Leben", sagte sie sanft. „Aber jetzt mußt du ruhen. Später wird einer der Gemeindeältesten mit dir sprechen. Sieh, hier habe ich dir eine Arznei zur Linderung deiner Schmerzen gebracht. Vor Sonnenuntergang wird Lukas, der Arzt, der deinen Arm geschient und deine Wunde verbunden hat, noch einmal hereinschauen."

Sie reichte ihm einen Beruhigungstrank, schüttelte ihm die Kissen zurecht und ging dann fort, um Essen zu bereiten. Die Lichtreflexe auf dem Boden wurden heller und verblaßten dann allmählich, als die Sonne hinter den hohen Gebäuden versank. Dann wurde die Außentür geöffnet, und der Arzt, der ihn behandelt hatte, trat ein. Er untersuchte ihn sorgfältig und legte neue Verbände an.

„Du siehst heute besser aus", sagte Lukas. „Aber dein Arm ist mehrmals gebrochen, und du hast eine Menge Blut verloren. Da wirst du wohl eine Weile stillliegen müssen."

Onesimus blickte bekümmert auf. „Hat Aquila mich in sein Heim gebracht?" fragte er.

Lukas zögerte. Dieser junge Mann mit dem müden, abgestumpften Gesicht hatte bei den Kampfspielen gesiegt. Seinen Freistab hatte man neben ihm gefunden. Sobald er genesen war, würde er wahrscheinlich mit hochgestellten Männern verkehren. Die ersten Anzeichen des herannahenden großen Verfolgungssturmes waren schon zu erkennen. Einige Christen waren schon verhört und abgeurteilt worden; Paulus saß im Gefängnis. Es wäre nicht ratsam, irgend jemanden preiszugeben. Er mußte vorsichtig sein und seine Antwort überdenken.

„Hast du Herrn Aquila schon früher gekannt?"

„O ja, damals in Ephesus, als ich noch ein Knabe war. Vergangene Nacht begegnete er mir auf der Straße. Ich war in großer Not, und es tat mir so gut, ein vertrautes Gesicht zu sehen. In meinem Elend rief ich ihn an. Dann weiß ich nichts mehr. Wie gut, daß er mich hierher gebracht hat!"

„Ja, Aquila und Priscilla tun viel Gutes. Schon oft hat Priscilla notleidende Menschen gepflegt. Du bist ihr wohl auch schon früher einmal begegnet."

„Ja, auch in Ephesus. Wie merkwürdig das ist! In den zwei Jahren, seit ich in Rom bin, habe ich nur einen einzigen guten Menschen gefunden, und den habe ich letzte Nacht mit eigenen Händen in der Arena getötet. Und nun scheint es, als hätten der Zufall oder die Götter mich zu Menschen gebracht, die sich um mich kümmern. Sonst ist ein Menschenleben ja nicht viel wert in Rom. Warum durfte ich mich nicht in den Tiber stürzen, wie ich es vorhatte? Warum hat man mich nicht auf der Straße sterben lassen? Das wäre besser für mich gewesen."

„Ich denke, du kennst Aquila und Priscilla. Glaubst du, sie hätten dich auf der Straße umkommen lassen?"

„Nein! Christus, der Gott, den sie verehren, fordert Barmherzigkeit von ihnen. Mir scheint, daß auch du ein Christ bist, denn du hast mich gut verarztet, ohne nach einer Vergütung zu fragen. Aber ich kann dir wohl bezahlen, was ich dir schuldig bin; auch Priscilla kann ich ihre Mühe lohnen. Droben in der Kaserne liegt meine Belohnung für mich bereit. Gestern abend stand mir nur nicht der Sinn danach."

Lukas schien das nicht weiter zu interessieren. „Dann hast du also schon etwas von Jesus Christus gehört?"

„O ja, schon oft. Priscilla wird dir erzählen, daß ich ein freigelassener Sklave bin. Mein Herr war ein Christ und all die Seinen auch."

„Dann erweise uns bitte eine Gunst, die für uns mehr wert ist als Gold. Wenn du zu Ruhm und Reichtum zurückkehrst, dann verrate nicht dieses Haus und die Menschen, die hier ein und aus gehen. Einigen von ihnen könntest du im kaiserlichen Palast begegnen. Laß dir dann nicht anmerken, daß du sie kennst. Es sind jetzt schwere Zeiten für die Nachfolger Jesu. Der Kaiser ist uns nicht wohlgesinnt. Denk an das Gute, was du hier empfangen hast und vergiß dieses Heim!"

„Von mir habt ihr nichts zu befürchten. Ich habe keine Lust, zu den Großen und Mächtigen dieser Erde zurückzukehren. Ich habe genug vom Blutvergießen, von all diesen Lustbarkeiten, von der Trunkenheit und vom Haß."

„Dann bleibe bei uns und lerne Jesus Christus kennen." Es entstand eine Pause. Onesimus schwieg. Lukas stand auf, denn die Augen seines Patienten glänzten fiebrig.

„Morgen werde ich wieder nach dir sehen", sagte er. „Lebe wohl!"

Aber er verließ das Haus nicht. Er begab sich quer über den Innenhof zu einem anderen Raum. Bald erschien Priscilla mit Wein und einer kräftigenden Mahlzeit. Levi, der jetzt ein gutaussehender Knabe von zwölf Jahren war, blieb bei ihm und half ihm beim Essen. Sein Vater Aquila war noch nicht nach Hause gekommen.

Onesimus konnte nicht einschlafen. Irgend etwas ging in diesem Hause vor. Alle paar Minuten wurde die Außentür leise geöffnet. Onesimus sah die dunklen Gestalten von Männern, Frauen und Kindern, die sich in einem Raum am andern Ende der Säulenhalle versammelten. Er hörte besorgtes Geflüster und die ruhige Stimme des Arztes Lukas. Beim Schein einer winzigen Lampe sah der Kranke sie zusammengedrängt sitzen. Ihre Schatten fielen gespenstisch auf das Pflaster des Innenhofs. Die kleine Lampe stand auf einem Tisch, und daneben bemerkte er Brot und einen Becher. Plötzlich erhoben sich ihre Stimmen zu einem Gesang. Onesimus erhob mühsam den Kopf und lauschte angestrengt. Klar und deutlich drangen die Worte durch die Dunkelheit zu ihm herüber:

„Jesus Christus ist in die Welt gekommen,
um Sünder zu erretten.
Wenn wir mit ihm sterben,
werden wir auch mit ihm herrschen."

Sünder! Oh, was für ein Sünder war er! Er hatte betrogen, gelogen, gehaßt und sogar getötet! Jetzt war es zu spät. Schon vor langer Zeit hatte er Jesus Christus verschmäht und war vor ihm geflohen.

Der Gesang dauerte an. Er konnte die Worte nicht mehr verstehen und schlummerte ein wenig ein. Plötzlich erwachte er wieder. Jemand las etwas vor,und seine Stimme tönte kraftvoll durch das kleine Haus:

„Denn ich bin gewiß, daß weder Tod noch Leben, weder Engel noch Fürstentümer noch Gewalten, weder Gegenwärtiges noch Zukünftiges, weder Hohes noch Tiefes noch keine andere Kreatur uns trennen kann von der Liebe Gottes, die in Christo Jesu ist, unserm Herrn."

Und wahrscheinlich auch keine Entfernung, weder Land noch Meer, dachte Onesimus schaudernd. Tausende von Kilometern war er vor dieser Stimme der Liebe geflohen und hatte ihr doch nicht entkommen können. Konnte es möglich sein, daß jene nimmermüden Füße ihn immer noch verfolgten und ihn fast eingeholt hatten? Mußte er bald vor ihn treten, vor diesen Gott der Liebe?

Als Aquila später hereintrat, um ihn für die Nacht zurechtzumachen, fand er den Kranken in Schweiß gebadet und vor Aufregung zitternd.

„Was ist das für ein Buch, das ihr da eben gelesen habt?" fragte er, nachdem sie sich begrüßt hatten.

„Wir haben aus einem Brief vorgelesen, den Paulus uns vor vier Jahren geschrieben hat", erwiderte Aquila. „Wir waren gerade aus Ephesus zurückgekehrt, als er ankam. Die kleine Gemeinde hier hatte die Frohe Botschaft nur aus zweiter und dritter Hand empfangen. Wenn sie nur mündlich weitergesagt wird, verwirrt sich ihr Inhalt leicht. Darum hat Paulus diesen Brief geschrieben. Er wollte erklären, warum Christus sterben mußte. Doch wir hatten noch viele Fragen auf dem Herzen. Das war ein großer Tag, als Paulus in Rom eintraf."

Trotz seiner Schwäche richtete sich Onesimus auf.

„Paulus!" wiederholte er. „In Rom! Du willst doch nicht sagen, daß er jetzt hier ist?"

„Aber ja", erwiderte Aquila, „er ist schon seit über einem Jahr hier.

21

Onesimus erholte sich rasch von seinen Verletzungen. Nach vier oder fünf Tagen teilte er dem freundlichen Arzt mit, daß er Priscillas Gastfreundschaft nicht länger in Anspruch nehmen wolle. Sein Geld lag sicher verwahrt oben in der Kaserne. Er konnte sich eine andere Unterkunft suchen. Doch zuvor wollte er Lukas noch um eine Gunst bitten. Er fragte den Arzt, ob er ihn wohl zu Paulus führen könnte.

Lukas war überrascht. Täglich hatte er bei diesem unglücklichen jungen Mann gesessen und ihm von Jesus Christus erzählt. Aber er hatte nie darauf reagiert, sondern nur ruhelos den Kopf hin und her geworfen, als ob er davon nichts hören wolle. Der Arzt wußte nicht, daß sein Patient Tag und Nacht von der unerträglich gewordenen Last schwerer Schuld gequält wurde. Doch Onesimus wagte noch nicht, an den Preis zu denken, den er wohl zahlen müßte, um diese Schuld loszuwerden.

„Morgen in der Abendkühle wollen wir zu ihm gehen", sagte Lukas. „Er wird in der Nähe der Prätorianischen Kaserne gefangengehalten."

Am folgenden Abend machten sie sich zusammen auf den Weg. Onesimus stützte sich auf den Arm des Arztes. Er fühlte sich so schwach wie ein alter Mann. Aquila lebte im jüdischen Viertel auf der andern Seite des Tiber. Sie überquerten den Fluß und ruhten sich in einem der Gärten am Ufer aus. Dann wanderten sie langsam weiter. Bei Sonnenuntergang erreichten sie das kleine Haus im Schatten der Kaserne.

„Er hat sehr viele Besucher", sagte Lukas. „Du wirst vielleicht eine Weile warten müssen, ehe er dich empfangen kann."

Er klopfte an die Tür. Eine Stimme hieß ihn eintreten. „Bist du es, Lukas?" hörte man drinnen die müde Stimme eines alten Mannes sagen. „Ich freue mich, daß du gekommen bist. Wir haben heute abend eine besondere Freude. Wer meinst du wohl ist aus Phrygien angekommen, um uns zu besuchen?"

Phrygien? Onesimus wäre am liebsten geflohen. Doch die Neugier lähmte seine Füße. Lukas zog ihn sanft ins Haus hinein. Als seine Augen sich an die Dämmerung gewöhnt hatten, bot sich ihm ein Anblick, den er nie wieder vergessen würde.

Ein kleiner Mann mit runden Schultern saß auf einem Stuhl. Mit dem Handgelenk war er an einen stämmigen Wachsoldaten angekettet, der in seiner ganzen Länge auf dem Fußboden lag und schlief. Der Gefangene war derselbe Paulus, den Onesimus damals in Ephesus gesehen hatte, nur war er älter und gebrechlicher geworden. Er blickte die Neuankömmlinge mit trüben Augen an, als ob es ihm schwerfiele, sie zu erkennen. Doch sein Gesicht strahlte vor Freude, als er die kleine Jüngerschar betrachtete, die zu seinen Füßen saß, und als er die Hand liebevoll auf das Haupt des großen, staubbedeckten Neuankömmlings legte.

„Komm her und sieh ihn dir selbst an, Lukas! Wie oft habe ich dir schon von ihm erzählt! Es ist mein lieber Epaphras aus Kleinasien."

Der Reisende wandte sich dem Arzt zu, um ihn zu begrüßen. Da gewahrte er plötzlich den blassen jungen Mann mit den erschrockenen Augen im Türeingang.

Ein paar Augenblicke lang starrten beide einander verwundert an. Dann fing Epaphras an zu sprechen.

„Kann das denn möglich sein?" fragte er verwirrt. „Hast du nicht jahrelang Philemons verkrüppelten Sohn bedient? Ich hörte, du seist bei dem Erdbeben in Laodizea umgekommen. Wie bist du dann auf einmal hier?"

Seine Stimme war ernst, und Onesimus stand noch immer schweigend und wie angewurzelt da. „Du Narr!" rief ihm sein Verstand zu, „dreh dich um und lauf davon! Noch ist es Zeit dazu. Denk an die Strafen, die einen entlaufenen Sklaven erwarten! Denk an die vielen, die wegen des gleichen Vergehens hier in dieser Stadt gebrandmarkt, gekreuzigt oder den wilden Tieren vorgeworfen worden sind! Worauf wartest du noch?"

„Jene nimmermüden Füße, die dich schon längst verfolgten, haben dich nun eingeholt", sagte sein Herz. „Von allen Seiten bist du umzingelt und umstellt. Dies ist deine letzte Fluchtmöglichkeit! Aber wenn du jetzt entfliehst, dann entfliehst du für immer. Und eigentlich möchtest du ja gar nicht länger fliehen." – Deshalb wich er nicht von der Stelle und antwortete bescheiden: „Ja, ich bin es. Ich kam bei dem Erdbeben mit dem Leben davon und gelangte nach Rom. Vieles habe ich erlitten. Die Last meiner Schuld ist mir unerträglich geworden, und mir liegt nichts mehr am Leben. Ich bin krank gewesen und sollte jetzt ruhen. Aber später am Abend möchte ich gern mit Paulus sprechen."

Es schwindelte ihm, und sein Gesicht war aschfahl geworden. Er streckte die Hand aus, um einen Halt zu finden. Lukas war sofort bei ihm, breitete seinen eigenen Mantel aus und bettete seinen Patienten neben den römischen Soldaten. Onesimus schloß die Augen. Er wußte, daß die Verfolgung nun zu Ende war. Er mußte sich stellen, er mußte sich den strengen Forderungen der Liebe beugen und sich einem neuen, ewigen Herrn unterwerfen. Seine kurze, vergebliche Freiheit war endgültig vorüber.

Aber er war zu müde und zu schwach, um genauer über diese Forderungen nachzudenken. Ganz still und friedlich lag er da und hörte den Gesprächen der kleinen Gruppe zu. Seit zwei Jahren waren das die ersten Nachrichten, die er von daheim empfing.

Man sprach über die Gemeinden in Hierapolis, Laodizea und Kolossä. Es ging ihnen allen gut. Philemon und Apphia waren gesund; ihre Liebe zu Jesus und den Brüdern war stark. Archippus war krank und niedergedrückt gewesen und hatte seinen Aufgaben manchmal nur mühsam nachkommen können; nun war ihm eine unverhoffte Freude zuteil geworden: Zwischen ihm und einer jungen Christin aus Hierapolis war eine zarte Neigung erwachsen. Leider drohte der kleinen Gemeinde in Kolossä Gefahr. Epaphras' Stimme wurde drängend und voller Angst, als er von der Irrlehre sprach, die sie bedrohte. Da war jener junge Phrygier, der versuchte, das schlichte Evangelium von Jesus Christus mit eigenen heidnischen Anschauungen zu verschmelzen. Christliche Sklaven hatten an seltsamen Riten teilgenommen. Sie hielten besondere Feste ab und fasteten, bis sie bleich und schwach wurden. Durch die Abtötung des Fleisches und die Verehrung von Engelwesen wollten sie zu neuer, höherer Gotteserkenntnis gelangen.

„In Philemons Haus wird diese Irrlehre nicht verkündet", sagte Epaphras, „doch sind leider viele davon verführt worden, und manche kommen nun nicht mehr zu den Versammlungen. Diese neuen Lehren schmeicheln dem menschlichen Verstand und stehen der heidnischen Geisterverehrung und den Mysterienkulten nahe."

„Als ob Christus nicht alles in allem wäre!" murmelte der Apostel. „Ich muß ihnen einen Brief schreiben und sie bitten, sich in acht zu nehmen. Darin werde ich ihnen aufs neue zeigen, daß in Christus die ganze Fülle der Gottheit wohnt. Das ist das einzige Geheimnis, das sie erforschen sollten!"

Der römische Wachsoldat wurde von einem großen, wild aussehenden Kerl abgelöst, der sich mit dem Rükken gegen die Wand setzte, finster vor sich hin blickte und mit den Zähnen knirschte. Paulus begrüßte ihn höflich, dann wurde das Gespräch fortgesetzt, doch Onesimus hatte den Faden verloren. Bei dem Licht der qualmenden Lampe beobachtete er aufmerksam die Gesichter der kleinen Gesellschaft.

Da war ein schmaler, junger Mann namens Timotheus, dessen Augen vor Liebe aufleuchteten, wenn er den Apostel anblickte, und ein anderer, älterer Mann namens Epaphroditus, der sich gerade von einer schweren Krankheit zu erholen schien. Ein dritter Mann mit jüdischen Gesichtszügen saß bescheiden im Hintergrund und sagte nur wenig – wahrscheinlich ist es ein Diener, dachte Onesimus schläfrig und fragte sich, wie lange sie wohl noch weiterreden würden.

Die ganze Nacht hindurch. So kam es ihm wenigstens vor, denn immer mehr Menschen gesellten sich zu der Gruppe. Ein Mann mit scharf geschnittenem Gesicht namens Demas kam herein, unterbrach die Unterhaltung und berichtete, was sich in Rom Neues ereignet hatte. Es schien sich aber kaum jemand dafür zu interessieren, und so nahm man das Thema der Irrlehren in den Gemeinden wieder auf, bis ein Bruder namens Tychikus eintraf. Er hatte zu einer Gruppe Christen in einem andern Teil Roms gesprochen und wirkte ermutigt.

„Wir waren heute abend eine bunt zusammengewürfelte Gesellschaft”, erzählte er mit leiser Stimme, als wolle er den laut schnarchenden Soldaten nicht aufwekken. „Sklaven, Juden, einige vom kaiserlichen Hof, zwei oder drei von der Wache, Hohe und Niedrige, Juden und Heiden, und doch alle eins in Christus. Aber Aristobulus, der fast täglich mit Nero zusammentrifft, glaubt, daß der Sturm bald losbrechen wird und daß es nicht mehr sicher genug sei, sich in Privathäusern zu versammeln. Er meint, wir sollten einen verborgeneren Ort suchen ...”

Demas stieß ihn an, da brach er ab und schaute sich um. Er hatte den Fremden noch nicht bemerkt, der dort hinten im Schatten unter dem Mantel zu schlafen schien. Onesimus öffnete die Augen und sah, wie er sich niederbeugte und das geheimnisvolle Zeichen auf den Boden malte und wie die andern den Kopf schüttelten.

Inzwischen war es sehr spät geworden. Die Gesellschaft kniete um die verlöschende Lampe nieder, und Paulus betete lange für die Herde Gottes in Rom, in Griechenland und in Kleinasien, für die von reißenden Wölfen bedrohte Gemeinde in Kolossä und für den schlafenden, schuldbeladenen Sünder dort auf dem Fußboden. Der Apostel segnete sie wie ein Vater, und einer nach dem anderen ging hinaus in die Nacht. Nur Timotheus blieb zurück, brachte dem alten Mann zu essen und zu trinken und bemühte sich, es ihm so bequem wie nur möglich zu machen.

„Wirst du dich jetzt schlafen legen, mein Vater?”

„Ich glaube nicht, mein Sohn. Ich möchte mit dem jungen Mann dort drüben sprechen, falls er nicht schon schläft. Laß ihn doch mit uns essen!”

„Ich bin wach”, sagte Onesimus. Er fühlte sich ausgeruht und wollte sich gern alles vom Herzen reden. Paulus und Timotheus teilten ihr einfaches Mahl mit ihm. Und dann, auf dem dunklen Fußboden, mit abgewandtem Gesicht, erzählte er dem Apostel alles: seinen Haß auf Archippus, seine Rache in Ephesus, die jahrelangen Diebereien, den Raubüberfall und die Flucht bei Laodizea, wie er seinen Freund in der Arena getötet und sich dann so entsetzlich vor dem Tod gefürchtet hatte. Nachdem er erst einmal begonnen hatte, konnte er gar nicht wieder aufhören. Alles, was jahrelang in seinem rebellischen, unglücklichen Herzen eingeschlossen gewesen war, kam herausgeflossen wie ein schwarzer Strom. Timotheus wurde müde und legte sich schlafen, doch Paulus und Onesimus redeten weiter.

Gab es noch Hoffnung und Vergebung für ihn? Würde Jesus Christus ihn noch in Gnaden annehmen, obwohl er sich jahrelang geweigert hatte, in seine Nachfolge zu treten, trotz seines verzweifelten Entschlusses, frei zu sein, der ihn so tief hatte sinken lassen? Immer wieder stellte er diese Fragen. Paulus sprach lange und ernst mit ihm über das Kreuz Jesu Christi und seine Bedeutung für ihn.

„Er kann den Schuldbrief, der gegen dich steht, austilgen", sagte Paulus. „Er kann ihn wegschaffen, als sei er an sein Kreuz genagelt. Gerechtfertigt durch den Glauben, kannst du Frieden mit Gott haben. Ich weiß es. Bin ich nicht einst den gleichen Weg gegangen? Den Märtyrer Stephanus habe ich sterben sehen. Ich war einverstanden mit seinem Tode und habe die Kleider derer bewacht, die ihn steinigten. Oh, ich kenne all diese Gewissensqualen! Aber ich will dir jetzt auch sagen, wie ich Jesus Christus gesehen habe."

Es wurde schon fast Morgen, ehe Paulus jene Geschichte beendet hatte. Gefesselt hörte Onesimus ihm zu. Wie schwer mußte es doch gewesen sein, gegen den Stachel auszuschlagen! Der Wachsoldat bewegte sich im Schlaf. Onesimus hob die Augen und sah, wie die Morgendämmerung in den Gefängnisraum hereindrang. Es war ihm, als sei er von neuem geboren worden. Er fühlte sich wie ein kleines Kind in einer schönen, neuen Welt. Seine Schuldenlast war er für immer losgeworden. In seiner Freude über die Vergebung seiner Sünden hatte er bis jetzt noch kaum an den nächsten Schritt auf dem neuen Wege gedacht. Für den Augenblick war es ihm genug, daß er zu Jesus gekommen war und daß Jesus ihn angenommen hatte.

Doch in der Tiefe seines zerbrochenen, glücklichen Herzens schlummerte die Frage, die Paulus auf der Straße von Damaskus gestellt hatte. Bald mußte auch er sie stellen und die Antwort darauf finden. „Herr, was willst du, daß ich tun soll?"

22

Onesimus wurde von dem Juden aufgenommen, der ihm wie ein Diener vorgekommen war. Er hieß Johannes Markus. Täglich ging Onesimus zu Paulus und saß im Kreise der andern bei ihm. Er versuchte auch, sich nützlich zu machen, erledigte Aufträge, besserte das Haus aus und schleppte mit seinem gesunden Arm Wasser herbei. Johannes Markus war nämlich mit einer Schreibarbeit beschäftigt, und Timotheus, der an einem Magenleiden litt, war nicht an schwere körperliche Arbeit gewöhnt. Von Natur ein stiller, häuslicher Mensch, hatte die Liebe zu Paulus ihn zu einem Helden gemacht. Er war ihm über Länder und Meere gefolgt, hatte allen Gefahren und Drangsalen getrotzt. Und nun hatte er schon seit zwei Jahren die trübselige Gefangenschaft mit ihm geteilt. Onesimus gewann Timotheus lieb, der niemals müde wurde, ihm Geschichten von der Größe und dem Mut seines Vaters in Christo zu erzählen.

Paulus war sehr beschäftigt. Einige Zeit vorher war Epaphroditus aus Philippi eingetroffen und hatte Paulus ein Geldgeschenk der Gemeinde überbracht. Er verweilte immer noch in Rom, teils, weil er schwer krank geworden war und teils, weil er sich nicht losreißen konnte. Doch der Sommer näherte sich seinem Ende, und wenn er heimreisen wollte, solange das Meer noch befahrbar war, so mußte er bald Abschied nehmen.

Paulus war gerade dabei, einen Brief zu diktieren, den er den Christen in Philippi überbringen sollte.

Das strengte ihn sehr an. Die Gemeinde in Philippi war ihm sehr ans Herz gewachsen. Die Erinnerung an ihre Liebe und Treue war ihm kostbar. Aber vollkommen war sie nicht. Epaphroditus hatte erzählt, daß zwei oder drei Frauen miteinander in Streit geraten waren. Die Purpurkrämerin Lydia, die ihr wohlhabendes Heim den Christen geöffnet hatte, konnte sie anscheinend nicht auf den rechten Weg bringen. Es war ein schwieriger Brief. Tag für Tag diktierte Paulus ein Stückchen weiter und betete dann wieder um Weisheit. Oft saß Onesimus dabei und hörte zu. Er wunderte sich über die liebevollen Ermahnungen und sanften Zurechtweisungen in diesem Brief und auch über die bemerkenswerten Gedankengänge.

„Ich hoffe aber im Herrn Jesus Christus, daß ich Timotheus bald zu euch senden kann ..."

Timotheus, der den Brief nach dem Diktat des Paulus niederschrieb, blickte bei diesen Worten bestürzt auf; er wollte seinen Vater in Christo nicht gern verlassen. Auch Onesimus horchte auf. Er hatte Timotheus gern, doch dieser war der ständige Begleiter und Gefährte des Paulus. Epaphroditus würde ja bald nach Philippi abreisen. Ja, und dann würde er, Onesimus, die Stelle des Timotheus einnehmen und für Paulus sorgen! Was für eine wunderbare Zukunft tat sich da plötzlich vor ihm auf!

Er mußte unwillkürlich lächeln, als er an die Jahre dachte, wo er sein Sklaventum so sehr verabscheut und sich so heiß danach gesehnt hatte, frei zu sein. Jetzt, wo er frei war, wollte er gern der Leibeigene dieses gebrechlichen Gefangenen mit der Kette um das Handgelenk sein. Auf einmal wurde ihm klar, was Freiheit in Wirklichkeit bedeutete: frei zu sein, um sich den Geboten der Liebe zu beugen und sich freiwillig in ihre Sklaverei zu begeben. Ohne diese Unterordnung unter die Zucht der Liebe war die Freiheit nur eine öde Wüste voller Luftspiegelungen, die alles versprach, aber nichts hielt.

Je mehr er darüber nachdachte, desto besser gefiel ihm dieser neue Plan. Er hatte sein Geld in der Kaserne abgeholt. Es war allerdings nicht soviel, wie er erwartet hatte. Der Vermittler war zu wütend gewesen über die schwache Kampfschau, welche die beiden Freunde geliefert hatten und über ihre offensichtliche Abneigung, einander zu töten. Immerhin hatte Onesimus damit seine Schulden bezahlen können, und es war ihm noch genug übrig geblieben, um einige Monate davon leben zu können. Er hatte ein paar Kleinigkeiten kaufen wollen, die Paulus seine Gefangenschaft erleichtern sollten, doch der alte Mann hatte sie nicht annehmen wollen. „Behalte du nur dein Geld, mein Sohn", hatte er freundlich gesagt. „Hebe es dir gut auf! Ich glaube, du wirst es bald einmal brauchen."

Was hatte er damit wohl gemeint? Onesimus glaubte einen verborgenen Sinn hinter dieser schlichten Bemerkung zu erkennen. Leider fand er keine Gelegenheit, Paulus danach zu fragen. Ständig kamen Besucher. Und dann war der Apostel stark beschäftigt mit seinem Brief an die Philipper und mit der Abreise des Epaphroditus. Die Seefahrt wurde nur bis Mitte September als sicher angesehen. Paulus hatte es ja am eigenen Leib erfahren, welche Gefahren bei einer späteren Reise drohten. Deshalb war er entschlossen, Epaphroditus so bald wie möglich nach Philippi zu senden. Daher arbeitete er oft bis spät in die Nacht hinein an seinem Brief. Sein Herz und Sinn weilten beinahe mehr in Philippi als in Rom, bis er endlich zu dem triumphierenden Abschluß des

Briefes vorgedrungen war: „Denn ich habe gelernt, worin ich bin, mir genügen zu lassen. Ich kann niedrig sein und kann hoch sein ... satt sein und hungern ... Ich vermag alles, durch den, der mich mächtig macht, Christus ... Denn ich habe alles ... Mein Gott aber fülle aus alle eure Sehnsucht nach seinem Reichtum in der Herrlichkeit in Christo Jesu."

Sogar der Wachsoldat, der ein wenig Griechisch verstand, lehnte sich vor und starrte den Gefangenen an. War das ein Träumer, der sich Wunschvorstellungen hingab? Da saß er, angekettet, in einen geflickten, alten Mantel gehüllt und ständig von der Verurteilung und der Hinrichtung bedroht. Wie konnte er da noch zufrieden sein mit seinem Los? Auch Onesimus wunderte sich darüber. Ist es möglich, daß wir alle Lebensumstände mit Freuden annehmen können, wenn nur Jesus bei uns ist? fragte er sich. Es schien so. Wie anders hätte er doch sein Sklaventum ertragen, wenn er das gewußt hätte!

Es war ein trauriger Tag, als Epaphroditus schließlich abreiste. Er wußte nicht, ob er seinen geliebten Vater in Christo jemals auf dieser Erde wiedersehen würde. Aber sich in der Gegenwart Christi wiederzusehen, würde ja viel besser sein, und so leuchteten seine Augen unter Tränen hoffnungsvoll auf. Onesimus und die andern Gefährten begleiteten ihn ein Stück auf der Via Appia. Er wollte nämlich im Hafen von Brundisium abfahren. Sie wanderten in der hellen Septembersonne dahin. Golden gefärbte Weingärten umsäumten ihren Weg. Auf einem kleinen Hügel in der Nähe eines jüdischen Begräbnisplatzes befahlen sie Epaphroditus der Gnade Gottes an und sagten ihm endgültig Lebewohl.

Sie fühlten sich beinahe erleichtert, als sie sich am Abend wieder alle trafen. Bald würde der Winter von den Alpen herabgefegt kommen, und dann würde es bis zum nächsten Frühjahr kein schmerzliches Abschiednehmen mehr geben. Voll Liebe blickte Paulus auf die kleine Gruppe.

„In diesem Winter muß ich an die Gläubigen im Lycustal Briefe schreiben", sagte er. „Der Herr wird mir schon die rechten Worte eingeben. Wenn der Winter vorüber ist, sollst du die Gemeinden in Kleinasien besuchen, Tychikus. Vielleicht werde ich dich sogar selbst begleiten. Mein Prozeß kann ja schließlich nicht noch länger hinausgezögert werden."

Die Tage eilten dahin. Es war eine gewisse Unruhe zu verspüren. Die Bosheit des neuen kaiserlichen Günstlings Tigellinus und Neros Angst vor jeglichem Nebenbuhler gefährdeten die Stellung der Christen am kaiserlichen Hof aufs äußerste. Die Tugend selber war schon verdächtig, und Jesus zu verehren, wurde bereits als Verrat angesehen.

Eines Nachts wurde von den Christen Roms eine Zusammenkunft abgehalten. Gemeindeälteste von verschiedenen Gruppen fanden sich mit gespannten, besorgten Gesichtern bei Paulus ein.

„Die Häuser werden bewacht. Wir wagen nicht mehr, unsere Lieder zu singen", erklärten sie. „Wir machen uns täglich auf Verhaftungen gefaßt. Ein Christ darf bei seinem Prozeß weder auf Barmherzigkeit noch auf Gerechtigkeit hoffen. Wir müssen irgendeinen verborgenen Versammlungsplatz außerhalb der Stadt finden. Einige haben die alten, unterirdischen jüdischen Begräbnisstätten auf der Via Appia vorgeschlagen. Wenn einige von uns nachts dorthin gehen und diese Höhlen erweitern könnten, würden wir uns dort in Zeiten der Gefahr sicher versammeln können. Niemand würde uns dort unten in der Erde hören."

Die Gesellschaft nickte zustimmend. Das schien ein

kluger Plan zu sein. Onesimus frohlockte. Er sehnte sich danach, seine Muskeln zu gebrauchen. Hier bot sich ihm endlich eine Gelegenheit, seine Kraft im Dienst der Gemeinde nutzbar zu machen, sobald sein Arm geheilt sein würde. Am liebsten hätte er gleich angefangen. Er sprach mit Johannes Markus darüber, als sie spät in der Nacht ihre Wohnung erreicht hatten. Johannes Markus lächelte. „Das wäre eine feine Sache für dich, Onesimus", sagte er. „Da könntest du einen Teil deiner überschüssigen Kraft loswerden. Leider kann ich nicht mitmachen. Ich muß meine Aufgabe beenden."

„Was hast du für eine Aufgabe?" fragte Onesimus schüchtern.

Johannes Markus war ein scheuer, bescheidener Mann, der wenig über seine eigenen Angelegenheiten sprach. Für gewöhnlich saß er verborgen in irgendeinem Winkel und schrieb. Bei dieser Tätigkeit fingen seine dunklen Augen plötzlich an zu glühen, und er schien sich in ein anderes Wesen zu verwandeln. Jetzt zögerte er mit seiner Antwort. „Hast du jemals darüber nachgedacht, wie es wohl kommt, daß ich, ein Jude aus Jerusalem, hier bei Paulus in Rom bin?" fragte er plötzlich.

„Ich nahm an, du hättest ihn auf seinen Reisen begleitet", erwiderte Onesimus. „Soviel ich weiß, ist er doch oft in Jerusalem gewesen."

Johannes Markus schüttelte den Kopf. „Ich will dir meine Geschichte erzählen, weil sie ähnlich anfing wie die deine", sagte er langsam, als bereite es ihm Mühe, die Worte auszusprechen. „Meine Geschichte begann vor mehr als dreißig Jahren, als ich noch ein Knabe war. Meine Mutter besaß ein geräumiges Haus in Jerusalem, in der Nähe des hohenpriesterlichen Palastes. Sie hatte dem Herrn Jesus oft Dienste geleistet. Auch ich hatte ihn lieb. Es war in der Nacht des Passahfestes. Wir wußten alle, daß etwas Schreckliches geschehen würde. Es wurde spät, bis wir das Fest gefeiert hatten und zu Bett gingen. Mitten in der Nacht hörten wir einen großen Lärm. Eine bewaffnete Horde zog unter unserem Fenster vorbei. Ich guckte hinaus und sah ihn gefangen in ihrer Mitte. Seine Jünger folgten ihm in einigem Abstand. Ich glaubte, dies sei die Chance meines Lebens, in der Stunde der Gefahr zu ihnen oder vielmehr zu ihm zu halten. Schon immer wäre ich gern einer seiner Jünger gewesen. Ich hüllte mich in ein Tuch und stürzte in die Nacht hinaus, um sie einzuholen. Gerade bevor ich sie erreichte, hatte Jesus etwas gesagt, was alle ärgerte. Ich glaube, er hatte sie gefragt, warum sie ihn nicht schon eher verhaftet hätten. Als die Jünger sahen, daß die Volksmenge eine drohende Haltung einnahm, drehten sie sich um und liefen davon."

Es entstand eine lange Pause. Onesimus lehnte sich zurück auf seinem Lager; Markus hatte den Kopf in den Händen vergraben und kämpfte mit sich, ehe er weitersprechen konnte.

„Auch ich lief weg. Ich bekam es plötzlich mit der Angst zu tun. Sie griffen nach dem Tuch, das ich übergeworfen hatte, doch ich machte mich frei und ließ es in ihren Händen zurück. Später versuchte ich, in den Hof des hohepriesterlichen Palastes zu spähen. Zu meiner Erleichterung erkannte ich Petrus, der dort stand. Es war schon fast Morgen, ich weiß noch, daß ich einen Hahn krähen hörte. Aber als ich mich heranschlich, warf Petrus plötzlich den Kopf zurück und fluchte und schwor, er hätte diesen Jesus nie gekannt. Das zerschlug mir den Rest meines Mutes. Ich ging heim und wagte drei Tage lang nicht, das Haus zu verlassen. Johannes war der einzige Jünger, der bei ihm war, als er starb. Damit war das Leben für mich zu Ende, das fühlte ich. Zwar wohnte ich weiterhin in Jerusalem und arbeitete als Schreiber. Die Apostel sah ich oft, besonders Petrus. Er erzählte mir viel von der Zeit, die er mit dem Meister verbracht hatte. Ich wurde immer trauriger darüber, daß ich die Chance meines Lebens verpaßt hatte. Dann verkehrte ich viel mit meinem Vetter Barnabas. Dreizehn Jahre nach jener Nacht nahm er mich mit nach Antiochien. Dort bot sich mir wieder eine Chance."

Onesimus blickte erwartungsvoll auf.

„Ach, Onesimus, ich habe wieder versagt. Es wollte mir eben nichts gelingen. Barnabas und Paulus wurden von der Gemeinde ausgesandt, um den Heiden das Evangelium zu verkündigen. Ich begleitete sie. Wie froh war ich, noch einmal eine Chance zu bekommen, Jesus zu dienen und mein Versagen wiedergutzumachen! Leider erschreckten mich die Juden und dieser gräßliche Zauberer auf Zypern, und auf der Überfahrt nach Perge war ich die ganze Zeit seekrank. Ich war ein verwöhnter Städter, und die schroffen, schneebedeckten Berge an der Küste flößten mir Angst ein. Paulus marschierte geradewegs auf sie zu, um nach Lystra zu gelangen. Oh, ich fühlte es deutlich: Wir würden dort von Räubern überfallen oder von Wölfen zerrissen werden. Da ließen mich meine Nerven völlig im Stich, ich verlor den Kopf, kehrte um und reiste heim."

Wieder war es eine ganze Weile still im Zimmer. Plötzlich erhellte das Mondlicht den kleinen Raum und schien auf das Haupt des Erzählenden.

„Kaum war ich wieder in Jerusalem angekommen, da bereute ich meine Umkehr bitterlich. Ich glaubte, das Herz würde mir vor Kummer brechen. Als Paulus und Barnabas zwei Jahre später zurückkehrten – voller Narben von einer Steinigung her –, wagte ich es, noch einmal um eine Chance zu bitten. Aber Paulus wollte nichts davon hören. Ich war ein Versager, ein Fahnenflüchtiger, und für solche war kein Platz in Christi Heer. Barnabas fand, Paulus sei zu hart und ungerecht. Er nahm mich wieder mit nach Zypern und war sehr gut zu mir. Und doch hat Paulus wohl recht gehabt. Jesus selber hat ja gesagt: ‚Wer die Hand an den Pflug legt und siehet zurück, der ist nicht geschickt zum Reiche Gottes.'"

„Und dann?" fragte Onesimus atemlos.

„Ja, dann hat Petrus mir etwas gesagt, was mir wieder neue Hoffnung einflößte. Ich hatte mich schon immer gewundert, wie er so vollmächtig predigen konnte, wo er Jesus doch verleugnet hatte. Als ich eines Abends besonders verzagt war, fragte ich ihn danach. Er erzählte mir, sein Herr hätte ihn angeschaut, nachdem er ihn verleugnet hatte, und das hätte ihm das Herz gebrochen. Er gab alles auf und wurde wieder ein Fischer. Sein Leben mit Jesus war nun zu Ende, das fühlte er. Doch eines Morgens in aller Frühe kam sein auferstandener Herr ans Ufer und zündete ein Feuer an, gerade als sie mit den Netzen auf den Strand zusteuerten. Und wie Petrus ihn dreimal verleugnet hatte bei jenem nächtlichen Feuer, so saß der Herr an jenem anderen morgendlichen Feuer und gab ihm die Möglichkeit, alles zurückzunehmen, was er gesagt hatte. Dreimal ließ er Petrus seine Liebe zu ihm bekennen, als könne seine Liebe seine Lügen auslöschen. Er mußte aber zu dem Punkt zurückkehren, an dem er versagt hatte, und seine Worte zurücknehmen.

Weiter ist nicht viel zu erzählen", sagte Markus. „Ich dachte, ich könnte vielleicht dasselbe tun wie Petrus. Ich hatte Paulus verlassen, als er in Gefahr war und mich brauchte; als ich nun hörte, er sei im Gefängnis und erwarte seine Verurteilung oder gar den Tod, da beschloß ich, zu ihm zu gehen und bei ihm zu bleiben bis ans Ende, falls das nötig sein sollte. Er nahm mich sehr freundlich auf und vergab mir mein Versagen. Viel gibt es hier ja nicht zu tun, so versuche ich denn, all das niederzuschreiben, was Petrus mir über jene drei Jahre erzählt hat. Ich, der Diener, der versagt hat und umgekehrt ist, möchte nun die Geschichte erzählen von Gottes Diener, der nie versagt hat. Manchmal, wenn ich etwas über ihn niederschreibe, fühle ich, daß ich eins bin mit ihm und daß ich meinem Ziel entgegengetragen werde. Irgendwie wird Jesus all das wiedergutmachen, worin ich gefehlt habe, und so werde ich in ihm doch noch etwas Gutes vollbringen."

Onesimus, der sich auf seinen Ellbogen gestützt hatte, richtete sich auf. „Johannes Markus", fragte er mit heiserer Stimme, „warum hast du mir das alles erzählt?"

Johannes Markus antwortete ihm mit fester Stimme: „Weil ich der Ansicht bin, daß wir nicht eher vorankommen auf dem Weg der Nachfolge, bevor wir nicht umgekehrt sind zu der Stelle, wo wir gefehlt haben und versuchen, die Sache wieder in Ordnung zu bringen."

Er legte sich schlafen. Onesimus aber fand keine Ruhe. Rastlos warf er sich in seinem Bett hin und her. Zurückgehen bis zu der Stelle, wo er gefehlt hatte, und die Sache wieder in Ordnung bringen! Also zurück in die Sklaverei, zurück zu Schmach und Strafe! Sollte dies wirklich das Ende sein?

23

Einige Monate später an einem sonnigen Maimorgen wanderten zwei Reisende an den Mauern von Laodizea vorbei. Sie gingen langsam; Tychikus, weil er nicht mehr jung war und eine lange Reise hinter sich hatte, und Onesimus, weil ihm das Herz so schwer wie Blei in der Brust lag.

Es kam ihnen vor, als seien Jahre vergangen, seit sie dem noch immer gefangenen Paulus Lebewohl gesagt hatten. Sein Prozeß schien vom Kaiser vergessen worden zu sein. Paulus hoffte zuversichtlich, daß er bald in Freiheit gesetzt werden würde und dann zu ihnen kommen könnte. Doch Onesimus teilte diese Hoffnung nicht, und als der Abschied nahte, war es ihm, als würde sein Herz brechen.

Die ganze Schönheit des italienischen Frühlings mit der Pracht der blühenden Obstbäume und den Feldern voller Narzissen und Schwertlilien hatte ihn nicht aufzumuntern vermocht. Die lange Seereise mit den vielen müßigen Stunden an Bord war eine Qual für ihn gewesen. In Ephesus waren sie ungefähr eine Woche geblieben. Trotz Verfolgungen und Kämpfen war die Christengemeinde im Wachsen begriffen. Die Gäste waren freudig begrüßt worden. Jeden Abend versammelten sich die Christen, um den Brief vorlesen zu hören, den Paulus an sie geschrieben hatte, und um seinen Inhalt zu besprechen. Es war ein langer Rundbrief, der später auch noch in Hierapolis, Laodizea und Kolossä vorgelesen werden sollte. Die Worte dieses Briefes hatten Onesimus gestärkt und ihm Licht und Trost geschenkt. Nun, wo er unwiderruflich auf seine irdische Liebe verzichtet hatte, war es gut, an die Liebe Jesu erinnert zu werden, die alle Erkenntnis übersteigt. Wie tröstlich war es für ihn, in seinem Kampf gegen Furcht und Auflehnung vom Helm des Heils, vom Schild des Glaubens und vom Schwert des Geistes zu hören! Obwohl sein Herz wehtat und seine Lippen trocken vor Angst waren, erfüllte ihn dennoch ein seltsamer Friede. Er war seinem Herrn gehorsam gewesen, und was nun daraus entstehen würde, durfte er getrost ihm überlassen.

„Ich denke, wir werden am frühen Nachmittag dort sein", sagte Tychikus und schaute empor zu dem steilen Weg, der rechts von der Landstraße zu den Bergen hinaufführte. „Wie froh werde ich sein, wenn ich mich in Kolossä ein Weilchen ausruhen kann! Die Reise ist lang gewesen."

„Wirst du ihnen heute abend noch die Briefe vorlesen, Tychikus?" fragte Onesimus und verlangsamte seine Schritte. Der ältere Mann schien müde zu sein.

„Die Christen werden sich wohl heute abend versammeln, um den Brief des Paulus an die Gemeinde in Kolossä zu lesen. Ich bete darum, daß sie ihn recht zu Herzen nehmen. Der Brief an die Epheser kann warten; er ist mehr allgemein gehalten und an alle Gemeinden gerichtet. Das dritte Schreiben ist rein persönlich und behandelt eine private Angelegenheit."

„Wie? Noch ein dritter Brief?" erkundigte sich Onesimus überrascht. „Ich wußte gar nicht, daß du drei Briefe mitgebracht hast!"

„Ja, noch einen persönlichen Brief von Paulus an

Philemon. Er soll nicht in der Gemeinde verlesen werden. Denn er betrifft eine Sache, die nur ihn allein angeht."

Eine Weile stiegen sie schweigend bergan. Bald würden sie die niedriger gelegene Hochfläche erreichen, und von dort aus würde Onesimus die Randbezirke von Kolossä erblicken können und die Bergschluchten und die Wiesen voller Ringelblumen und Gänseblümchen, wo Philemons Schafe grasten. Schon konnte er das Blöken der Lämmer und der Mutterschafe hören und das Rauschen des Flusses, an dem er als Knabe so gern gespielt hatte. Wie hatte er sich in Rom oft nach diesen heimatlichen Bildern und Lauten gesehnt! Jetzt erfüllten sie ihn mit Furcht und bangen Vorahnungen.

„Herr Jesus", flüsterte er, „gib mir Mut, und laß meine Strafe nicht schwerer sein, als ich ertragen kann." Da fielen ihm wieder einige Worte aus dem Epheserbrief ein und tönten in seinem Innern fort zu dem Rhythmus ihrer Schritte den Berg hinan: „... der überschwenglich ... tun kann ... über alles, ... das wir bitten oder verstehen ..."

Sie hatten jetzt den zweiten Hügel erklommen und schlugen den Pfad ein, der die Stadt umgeht und zu dem Landgut am Fuße der Bergschluchten emporführt. Im Schatten einer hohen Pappel blieb Onesimus stehen.

„Tychikus", sagte er, „geh nun allein weiter. Ich will hier unter dem Baum warten. Sag Philemon, daß Christus mir vergeben hat, und daß ich reuig zurückgekehrt bin zu meiner Sklaverei, bereit, die Strafe zu tragen, die er mir aufzuerlegen gedenkt. Wenn er mich empfangen will, dann bitte ihn um die Gnade, daß er hier allein mit mir spricht."

Tychikus zögerte, und Onesimus las seine Gedanken.

„Ich werde bestimmt nicht mehr fortlaufen, Tychikus", sagte er. „Bin ich meinem Herrn so weit gefolgt, um zuletzt dennoch umzukehren? Mein irdischer Herr wird mich ganz gewiß hier finden."

„Gut, mein Sohn", erwiderte Tychikus und ging allein weiter. Onesimus beobachtete ihn, bis er in den Gebäuden verschwunden war. Dann vergrub er seinen Kopf in den Händen und saß wartend da. Er fragte sich, ob Philemon wohl kommen würde. Das war kaum zu erwarten. Wahrscheinlich würde er ein paar Sklaven schicken, die ihn gefesselt abführen würden, wie sich das für einen fortgelaufenen Dieb gehörte. Nun, was immer auch geschehen mochte, er würde es auf sich nehmen, denn der Herr würde ihm beistehen. Wieder fühlte er sich erfüllt von jenem unbegreiflichen Frieden.

Schritte näherten sich. Es waren nicht die eiligen Schritte von Sklaven, sondern der langsame, hinkende Gang, den er so gut kannte. Er konnte nicht aufschauen, denn nun stand ihm die schwerste Prüfung bevor.

„Onesimus!"

Archippus' Hand lag auf seiner Schulter. „Du bist zurückgekommen? Glaucus erzählte uns, du seist tot. Wie habe ich um dich getrauert! Ich hörte, wie Tychikus es meinem Vater erzählte. Er wird wohl bald kommen, aber ich konnte nicht so lange warten. Während sie noch redeten, stahl ich mich davon. Ach, Onesimus, wie froh bin ich, dich wiederzusehen!"

„Das wärest du nicht, wenn du die Wahrheit wüßtest!" brach es ungestüm aus Onesimus hervor. „Ich will es dir nur gleich sagen. Archippus, ich bin schuld daran, daß du ein Krüppel geworden bist. Ich haßte dich und flüsterte der Volksmenge zu, dein Vater habe die Zauberbücher verbrannt. Zwar wollte ich nicht, daß du derart verletzt werden solltest, bloß eben ein blaues Auge – doch ich gab den Anstoß zu dem ganzen Unglück. Hätte ich das nicht getan, so würdest du heute stark und aufrecht einhergehen."

Die beiden jungen Leute schwiegen eine Weile. Archippus brauchte Zeit, um mit dieser Neuigkeit fertig zu werden. Dann lächelte er still in sich hinein.

„Du hattest Grund genug, mich zu hassen, Onesimus. Ich habe dir nicht nur einmal Unrecht getan und dich gedemütigt, sondern alle Tage. Wäre ich kein Krüppel geworden, so würde ich noch in Hochmut und Sünde einherschreiten. Manchmal denke ich, daß es mir ähnlich ergangen ist wie Jakob an der Furt des Jabbok. Auch ich mußte erst an meiner Hüfte hinken, bevor ich Jesu Namen kennenlernte. Trotz allem bin ich froh, daß du heimgekehrt bist, Onesimus."

Wieder schwiegen sie, Archippus, weil er nichts mehr zu sagen hatte, und Onesimus, weil er zu überwältigt war von Liebe, Dankbarkeit und Erleichterung. Dann flüsterte Archippus plötzlich: „Mein Vater!"

Langsam kam er den Hügel herabgeschritten, hochgewachsen und würdevoll wie immer, mit einer Pergamentrolle in der Hand. Onesimus stand auf, um ihm entgegenzugehen und verbeugte sich dann bis zur Erde vor ihm.

„Steh auf", sagte Philemon. „Wir zählten dich zu den Toten und haben dich betrauert. Ich nehme an, du hast das Geld genommen und bist nach Rom geflohen. Sag mir, weshalb du zurückgekehrt bist!"

„Um meine Sünde, die größer ist, als du ahnst, zu bekennen und zu büßen; um dir, soweit mir das möglich ist, dein Gold zurückzuerstatten, und um mich wieder unter deine Hand zu beugen, als dein Sklave und dein Eigentum, damit du mit mir verfahrest, wie es dir gefällt."

„Gut so", sprach Philemon. „Aber du hast meine Frage nicht richtig beantwortet. Weshalb bist du zurückgekehrt?"

„Weil Jesus Christus es mir befohlen hat. Zuerst weigerte ich mich, aber ich fand keine Ruhe. So bin ich denn gekommen."

„Es ist schön, daß du das sagst. Setz dich, und auch du, mein Sohn Archippus. Ich habe von Paulus einen Brief bekommen. Wir wollen ihn zusammen lesen."

Es war sehr still auf dem Hügel. Sogar die Lämmer schienen verstummt zu sein, als jene gnadenreichen Worte, welche die Jahrhunderte überlebt haben, zum erstenmal dem schuldigen Sklaven zu Ohren kamen.

„Paulus, der Gebundene Christi Jesu, ... Philemon, dem Lieben ... So ermahne ich dich um meines Sohnes Onesimus willen, den ich in meinen Banden gezeugt habe, welcher weiland dir unnütz, nun aber dir und mir wohl nütze ist; .... Empfange ihn nicht mehr als einen Knecht, sondern mehr denn einen Knecht, als einen lieben Bruder ... Empfange ihn wie mich selbst. So er aber dir etwas Schaden getan hat oder schuldig ist, das rechne mir zu. Ich, Paulus, habe es geschrieben mit meiner Hand: Ich will's bezahlen."

Der Brief näherte sich seinem Schluß.

„Hier hast du also deinen Freibrief", sagte Philemon lächelnd. „Wie könnte ich dem Apostel etwas abschlagen? Um Paulus willen verzeihe ich dir und schenke dir deine Freiheit, Onesimus. Du sollst mein Haus betreten, aber nicht mehr als Sklave, sondern als ein Bruder in Christus."

24

„Über alles, das wir bitten oder verstehen" – diese Worte hallten in seinen Ohren, als Onesimus drei Tage später noch vor Sonnenaufgang den Hügel hinunterlief. Die ersten Vogelstimmen und der plätschernde Fluß schienen ihren Schöpfer zu loben. „Denn ihr sollt in Freuden ausziehen, und im Frieden geleitet werden. Berge und Hügel sollen vor euch her frohlocken mit Ruhm, und alle Bäume auf dem Felde mit den Händen klatschen." – Diese Worte waren vor Jahrhunderten niedergeschrieben worden; aber war jemals zuvor an einem dämmerigen Sommermorgen irgendein Mensch mit einer solchen Freude im Herzen einhergeschritten?

Meile um Meile legte er zurück. Schon durchschritt er die Tore von Laodizea und staunte über die Arbeit, die hier in den vergangenen drei Jahren geleistet worden war. Schöne Gebäude reckten sich empor, wo damals Ruinen und Schutthaufen gelegen hatten. Man erzählte, Rom hätte der heimgesuchten Stadt Hilfe angeboten; doch die Bürger von Laodizea waren sehr stolz. „Wir sind reich und haben alles im Überfluß und bedürfen nichts", hatten sie stolz erwidert.

Er hatte das wiedererbaute Hierapolistor erreicht und blieb wie erstarrt stehen. Sie kam langsam auf die Stadt zu geschritten, umgeben von drei oder vier kleinen Kindern. Über den östlichen Höhenzügen war die Sonne aufgegangen, und ihre ersten Strahlen umspielten ihren geneigten Kopf. Die Blumen öffneten sich, als wollten sie zu ihr emporschauen. Der Tau blitzte silbern auf dem Gras. So mag es am allerersten Morgen im Garten Eden gewesen sein, dachte der junge Mann im Torbogen.

„Da wartet ein Mann auf dich!" sagte eines der Kinder. Rasch blickte sie auf. Sie zeigte sich kaum überrascht, nur ihre Wangen färbten sich dunkler, und ihre Augen blitzten heller. Er war ihr nicht fremd geworden, eigentlich war er ja immer bei ihr gewesen. Sie beschleunigte ihre Schritte und kam geradewegs auf ihn zu. Die Kinder liefen neben ihr her. Man sah ihre winzigen Fußabdrücke im taunassen Gras.

„Gnade und Friede sei mit dir, Eirene", sagte er ruhig. „Ich habe mein Wort gehalten und bin zu dir zurückgekehrt, als freier Mann und als Nachfolger Jesu Christi."

Sie blickte zu ihm auf, und ihr Gesicht war strahlend wie der Morgen. „Ich wußte, daß du kommen würdest", sagte sie. Die Kinder um sich scharend, wandten sie der Stadt den Rücken zu und wanderten Hand in Hand dem Sonnenaufgang und den Hügeln von Hierapolis entgegen.